CUISINE SYRIENNE: RECETTES AUTHENTIQUES DE DAMAS

Une odyssée culinaire à travers 100 spécialités syriennes

Elya Pereira

Matériel protégé par le droit d'auteur ©2023

Tous droits réservés

Aucune partie de ce livre ne peut être utilisée ou transmise sous quelque forme ou par quelque moyen que ce soit sans le consentement écrit approprié de l'éditeur et du propriétaire des droits d'auteur, à l'exception de brèves citations utilisées dans une critique. Ce livre ne doit pas être considéré comme un substitut à un avis médical, juridique ou autre conseil professionnel.

TABLE DES MATIÈRES

TABLE DES MATIÈRES 3
INTRODUCTION 6
PETIT DÉJEUNER 7
   1. Shakchouka 8
   2. Manoushe (pain plat syrien au Zaatar) 10
   3. Pain Ka'ak 12
   4. Fatteh (casserole de petit-déjeuner syrien) 14
   5. Pain plat syrien 16
   6. Toast de Labneh et Za'atar 18
TREMPONS ET SPREADS 20
   7. Muhammara (trempette aux piments forts syriens) 21
   8. Baba Ghanoush 24
   9. Houmous syrien 26
   10. Labneh (pâte à tartiner au yaourt et au fromage) 28
   11. Houmous aux pignons de pin et à l'huile d'olive 30
   12. Trempette au zaatar et à l'huile d'olive 32
   13. Laban Bi Khiar (trempette au yaourt et au concombre) 34
COLLATIONS ET APÉRITIFS 36
   14. Kibbeh du Moyen-Orient 37
   15. Sfiha (tartes à la viande syriennes) 39
   16. Feuilles de vigne d'Alep 41
   17. Oignons farcis 43
   18. Poivrons Romano Farcis 46
   19. Aubergines Farcies à l'Agneau et Pignons de Pin 49
   20. Pommes de terre farcies 52
PLAT PRINCIPAL 55
   21. Tabakh Roho (ragoût d'agneau syrien et de légumes) 56
   22. Sandwich Pita Falafel avec Sauce Tahini 59
   23. Coings farcis à l'agneau, à la grenade et à la coriandre 61
   24. Riz syrien à la viande 64
   25. À l'envers (Maqluba) 66
   26. Boeuf et Coings 69
   27. Poulet Baharat et riz 71
   28. Patates douces rôties et figues fraîches 74
   29. Le fattoush de Na'ama 76
   30. Aubergines rôties à l'oignon frit 78
   31. Courge musquée rôtie au za'atar 80
   32. Fève Kuku 82
   33. Boulettes de poireaux citronnés 85
   34. Chermoula Aubergine au Boulgour et Yaourt 87
   35. Chou-fleur frit au tahini 90
   36. Bette à carde avec Tahini, Yaourt et Pignons de Pin 92
   37. Kofta B'siniyah 95
   38. Sabih 98

39. Baies de blé, blettes et mélasse de grenade 101
40. Balilah 103
41. Riz au Safran, Épine-vinette et Pistache 105
42. Sofrito au poulet 107
43. Riz sauvage aux pois chiches et groseilles 110
44. Aubergine brûlée aux graines de grenade 113
45. Risotto d'Orge et Feta Marinée 115
46. Conchiglie au yaourt, petits pois et chili 118
47. Poulet rôti aux clémentines 120
48. Méjadra 123
49. Couscous à la tomate et à l'oignon 126
50. Bar Poêlé avec Harissa et Rose 128
51. Crevettes, Saint-Jacques et Palourdes à la Tomate et Feta 131
52. Caille Braisée aux Abricots et Tamarin 134
53. Poulet poché au freekeh 137
54. Poulet aux Oignons et Riz à la Cardamome 140
55. Boulettes de Bœuf aux Fèves et Citron 143
56. Boulettes d'Agneau aux Épine-vinettes, Yaourt et Herbes 146
57. Polpettone 149
58. Shawarma d'agneau 152
59. Darnes de Saumon à la Sauce Chraimeh 155
60. Poisson Mariné Aigre-Doux 158

ACCOMPAGNEMENT ET SALADES 161
61. Spaghetti Syrien 162
62. Aubergine retournée 164
63. Salade de Chou-Fleur Rôti et Noisettes 166
64. Salade fricassée 168
65. Fasoliyyeh Bi Z-Zayt (Haricots verts à l'huile d'olive) 171
66. Salade de Poulet au Safran et Herbes 173
67. Salade de légumes racines au labneh 176
68. Salade de Pain Syrien 178
69. Taboulé 180
70. Salatat Banadora (Salade de tomates syrienne) 182
71. Salade de Haricots Mélangés 184
72. Salade de Chou-rave 187
73. Salade de Pois Chiches Épicés et Légumes 189
74. Salade épicée de betteraves, poireaux et noix 192
75. Salade de gros morceaux de courgettes et tomates 195
76. Salade de Persil et Orge 198
77. Salade Fattoush 200
78. Salade de carottes épicée 202

SOUPES 204
79. Soupe de cresson et pois chiches à l'eau de rose 205
80. Soupe chaude au yaourt et à l'orge 208
81. Cannellini soupe aux haricots et agneau 210
82. Soupe aux Fruits de Mer et Fenouil 213

- 83. Soupe aux pistaches 216
- 84. Soupe d'Aubergines Brûlées et Mograbieh 219
- 85. Soupe de tomates et levain 222
- 86. Soupe claire de poulet au knaidlach 224
- 87. Soupe freekeh épicée aux boulettes de viande 227

DESSERT **230**
- 88. Mamoul aux dattes 231
- 89. Namora syrienne 234
- 90. Brownies aux dattes syriennes 236
- 91. Baklava 239
- 92. Halawet el Jibn (petits pains syriens au fromage sucré) 241
- 93. Basbousa (Gâteau de Semoule) 243
- 94. Znoud El Sit (Pâtisserie syrienne fourrée à la crème) 245
- 95. Mafroukeh (Dessert Semoule et Amandes) 247
- 96. Galettes de poivrons rouges et œufs au four 249
- 97. Tarte aux Herbes 252
- 98. Burekas 255
- 99. Ghraybeh 258
- 100. Mutabbaq 260

CONCLUSION211 ....**263**

INTRODUCTION

Bienvenue dans le monde délicieux de « Cuisine syrienne : recettes authentiques de Damas », où nous vous invitons à un voyage culinaire à travers la riche tapisserie de la cuisine syrienne. Plongez dans les saveurs qui font écho à la diversité historique et culturelle de Damas, une ville réputée pour son passé riche et sa scène culinaire tout aussi dynamique. Dans cette collection soigneusement organisée, nous sommes fiers de présenter un festin de 100 spécialités syriennes authentiques qui résument l'essence du patrimoine culinaire de Damas. Chaque plat porte un récit unique, offrant un aperçu des traditions façonnées par les influences méditerranéennes, moyen-orientales et levantines. En parcourant ces recettes, vous découvrirez que la cuisine syrienne ne se limite pas à la nourriture ; c'est une célébration des saveurs généreuses de la région et des personnes qui ont façonné ces traditions culinaires au fil des siècles.

Le cœur de la cuisine syrienne réside dans le mélange harmonieux des épices aromatiques et de la fraîcheur des herbes cueillies à la main. Des ragoûts somptueux aux desserts délicieux, chaque recette de cette collection témoigne de l'abondance de saveurs trouvées dans ce coin captivant du monde.

Embarquez pour cette odyssée culinaire avec un esprit ouvert et la volonté d'explorer l'art de combiner des ingrédients simples mais savoureux. Que vous soyez un chef expérimenté ou un novice en cuisine, nos recettes sont soigneusement conçues pour être accessibles, vous guidant tout au long du processus de recréation du goût authentique de Damas dans votre propre maison.

Au-delà des arômes alléchants et des goûts exquis, ces plats reflètent la chaleur et l'hospitalité profondément ancrées dans la culture syrienne. En préparant et en savourant ces recettes, vous ne faites pas que cuisiner ; vous participez à un échange culturel, partageant la joie et la camaraderie qui accompagnent l'acte de rompre le pain ensemble. Alors, rassemblez vos ingrédients, adoptez l'esprit d'aventure et laissez le voyage au cœur de la cuisine syrienne commencer. Que votre cuisine soit remplie des rires des moments partagés et de l'arôme irrésistible des saveurs authentiques de Damas.

PETIT-DÉJEUNER

1.Shakshuka

INGRÉDIENTS:
- 2 cuillères à soupe d'huile d'olive
- 1 oignon, finement haché
- 2 poivrons, coupés en dés
- 3 gousses d'ail, émincées
- 1 boîte (28 oz) de tomates concassées
- 1 cuillère à café de cumin moulu
- 1 cuillère à café de paprika moulu
- Sel et poivre au goût
- 4-6 œufs
- Persil frais pour la garniture

INSTRUCTIONS:
a) Dans une grande poêle, chauffer l'huile d'olive à feu moyen.
b) Faire revenir les oignons et les poivrons jusqu'à ce qu'ils soient tendres.
c) Ajouter l'ail émincé et cuire encore une minute.
d) Versez les tomates concassées et assaisonnez avec du cumin, du paprika, du sel et du poivre. Laisser mijoter environ 10 à 15 minutes jusqu'à ce que la sauce épaississe.
e) Faites des petits puits dans la sauce et cassez-y les œufs.
f) Couvrir la poêle et cuire jusqu'à ce que les œufs soient pochés à votre goût.
g) Garnir de persil frais et servir avec du pain.

2. Manoushe (pain plat syrien au Zaatar)

INGRÉDIENTS:
- Pâte à pizza ou pâte à pain plat
- Mélange d'épices Za'atar
- Huile d'olive
- Facultatif : Labneh ou yaourt pour tremper

INSTRUCTIONS:
a) Étalez la pâte à pizza ou à pain plat en une forme ronde et fine.
b) Étalez une généreuse quantité d'huile d'olive sur la pâte.
c) Saupoudrer uniformément le mélange d'épices Za'atar sur la pâte.
d) Cuire au four jusqu'à ce que les bords soient dorés et croustillants.
e) Facultatif : Servir avec un accompagnement de labneh ou de yaourt pour tremper.

3. Pain Ka'ak

INGRÉDIENTS:
- 4 tasses de farine tout usage
- 1 cuillère à soupe de sucre
- 1 cuillère à café de sel
- 1 cuillère à soupe de levure sèche active
- 1 1/2 tasse d'eau tiède
- Graines de sésame pour la garniture

INSTRUCTIONS:

a) Dans un grand bol, mélanger la farine, le sucre et le sel.

b) Dans un autre bol, dissoudre la levure dans l'eau tiède et laisser reposer 5 minutes jusqu'à ce qu'elle soit mousseuse.

c) Ajoutez le mélange de levure au mélange de farine et pétrissez jusqu'à obtenir une pâte lisse.

d) Divisez la pâte en petites boules et façonnez chacune en un pain rond ou ovale.

e) Placer le pain façonné sur une plaque à pâtisserie, badigeonner d'eau et saupoudrer de graines de sésame.

f) Cuire au four préchauffé à 375°F (190°C) jusqu'à ce qu'ils soient dorés.

4.Fatteh (casserole syrienne pour le petit-déjeuner)

INGRÉDIENTS:
- 2 tasses de pois chiches cuits
- 2 tasses de yaourt nature
- 2 gousses d'ail, hachées
- 1 tasse de morceaux de pain plat grillés (pita ou pain libanais)
- 1/4 tasse de pignons de pin, grillés
- 2 cuillères à soupe de beurre clarifié (ghee)
- Cumin moulu, au goût
- Sel et poivre au goût

INSTRUCTIONS:
a) Dans un plat de service, disposer les morceaux de pain plat grillés.
b) Dans un bol, mélangez le yaourt avec l'ail émincé, le sel et le poivre. Étalez-le sur le pain.
c) Garnir de pois chiches cuits.
d) Arroser de beurre clarifié et saupoudrer de pignons de pin grillés et de cumin moulu.
e) Servir chaud comme une cocotte de petit-déjeuner copieuse et savoureuse.

5. Lire le Flatb syrien

INGRÉDIENTS:
- 1 1/16 tasse d'eau
- 2 cuillères à soupe d'huile végétale
- ½ cuillère à café de sucre blanc
- 1 ½ cuillères à café de sel
- 3 tasses de farine tout usage
- 1 ½ cuillères à café de levure sèche active

INSTRUCTIONS:
a) Placez les ingrédients dans le bac de la machine à pain dans l'ordre recommandé par le fabricant.
b) Sélectionnez le cycle Pâte sur votre machine à pain et appuyez sur Start.
c) Lorsque le cycle de pâte est presque terminé, préchauffez le four à 475 degrés F (245 degrés C).
d) Étalez la pâte sur une surface légèrement farinée.
e) Divisez la pâte en huit morceaux égaux et formez-les en ronds.
f) Couvrez les rondelles d'un linge humide et laissez-les reposer.
g) Abaisser chaque pâte en un mince cercle plat d'environ 8 pouces de diamètre.
h) Cuire deux rondelles à la fois sur des plaques à pâtisserie préchauffées ou sur une pierre à pâtisserie jusqu'à ce qu'elles gonflent et deviennent dorées, environ 5 minutes.
i) Répétez le processus pour les pains restants.
j) Servez le pain syrien chaud et profitez de sa polyvalence au déjeuner ou au dîner.

6.Toasts au labneh et au zaatar

INGRÉDIENTS:
- Labneh (yaourt filtré)
- Mélange d'épices Za'atar
- Huile d'olive
- Pain pita ou pain croustillant

INSTRUCTIONS:
a) Étalez une généreuse quantité de labneh sur du pain pita grillé ou sur votre pain croustillant préféré.
b) Saupoudrer du mélange d'épices za'atar.
c) Arroser d'huile d'olive.
d) Servir sous forme de sandwich ouvert ou coupé en petits morceaux.

Trempettes et tartinades

7.Muhammara (trempette aux piments forts syriens)

INGRÉDIENTS:
- 2 poivrons doux épépinés et coupés en quartiers
- 3 tranches de pain de blé entier, croûtes retirées
- ¾ tasse de noix grillées, hachées
- 2 cuillères à soupe de jus de citron
- 2 cuillères à soupe de piment d'Alep
- 2 cuillères à café de mélasse de grenade
- 1 gousse d'ail, hachée
- 1 cuillère à café de graines de cumin, grossièrement moulues
- Sel au goût
- ½ tasse d'huile d'olive
- 1 pincée de sumac en poudre

INSTRUCTIONS:

a) Placez la grille du four à environ 6 pouces de la source de chaleur et préchauffez le gril du four.
b) Tapisser une plaque à pâtisserie de papier d'aluminium.
c) Placez les poivrons, côté coupé vers le bas, sur la plaque à pâtisserie préparée.
d) Rôtir sous le gril préchauffé jusqu'à ce que la peau des poivrons soit noircie et cloquée, environ 5 à 8 minutes.
e) Faites griller les tranches de pain au grille-pain et laissez-les refroidir.
f) Placez le pain grillé dans un sac en plastique refermable, essorez l'air, fermez le sac et écrasez-le avec un rouleau à pâtisserie pour obtenir des miettes.
g) Transférer les poivrons rôtis dans un bol et sceller hermétiquement avec une pellicule plastique.
h) Réserver jusqu'à ce que la peau des poivrons soit lâche, environ 15 minutes.
i) Retirez et jetez les peaux.
j) Écrasez les poivrons pelés à la fourchette.
k) Dans un robot culinaire, mélanger les poivrons écrasés, la chapelure, les noix grillées, le jus de citron, le piment d'Alep, la mélasse de grenade, l'ail, le cumin et le sel.
l) Pulsez le mélange plusieurs fois pour le mélanger avant de l'exécuter au réglage le plus bas.
m) Versez lentement l'huile d'olive dans le mélange de poivrons pendant qu'il se mélange jusqu'à ce qu'il soit complètement intégré.
n) Transférer le mélange de muhammara dans un plat de service.
o) Saupoudrer de sumac sur le mélange avant de servir.

8. Baba Ghanoush

INGRÉDIENTS:
- 4 grosses aubergines italiennes
- 2 gousses d'ail écrasées
- 2 cuillères à café de sel casher, ou au goût
- 1 citron, jus ou plus, au goût
- 3 cuillères à soupe de tahini, ou plus au goût
- 3 cuillères à soupe d'huile d'olive extra vierge
- 2 cuillères à soupe de yaourt grec nature
- 1 pincée de poivre de Cayenne, ou au goût
- 1 feuille de menthe fraîche, hachée (facultatif)
- 2 cuillères à soupe de persil italien frais haché

INSTRUCTIONS:
a) Préchauffez un gril extérieur à feu moyen-vif et huilez légèrement la grille.
b) Piquez plusieurs fois la surface de la peau de l'aubergine avec la pointe d'un couteau.
c) Placez les aubergines directement sur le gril. Retournez fréquemment avec des pinces pendant que la peau se carbonise.
d) Cuire jusqu'à ce que les aubergines se soient effondrées et soient très tendres, environ 25 à 30 minutes.
e) Transférer dans un bol, couvrir hermétiquement de papier d'aluminium et laisser refroidir environ 15 minutes.
f) Lorsque les aubergines sont suffisamment froides pour être manipulées, divisez-les en deux et grattez la chair dans une passoire placée au-dessus d'un bol.
g) Égoutter pendant 5 ou 10 minutes.
h) Transférez l'aubergine dans un bol à mélanger et ajoutez l'ail écrasé et le sel.
i) Écraser jusqu'à consistance crémeuse mais avec un peu de texture, environ 5 minutes.
j) Incorporer le jus de citron, le tahini, l'huile d'olive et le poivre de Cayenne.
k) Incorporer le yaourt.
l) Couvrir le bol d'une pellicule plastique et réfrigérer jusqu'à refroidissement complet, environ 3 ou 4 heures.
m) Goûtez pour rectifier les assaisonnements.
n) Avant de servir, incorporez la menthe ciselée et le persil haché.

9. Houmous syrien

INGRÉDIENTS:
- 5 gousses d'ail non pelées
- 2 cuillères à soupe d'huile d'olive extra vierge, divisées
- 1 boîte (15 onces) de pois chiches, égouttés
- ½ tasse de tahin
- ⅓ tasse de jus de citron frais
- 1 cuillère à café de cumin moulu
- 1 cuillère à café de sel

INSTRUCTIONS:
a) Préchauffer le four à 450 degrés F (230 degrés C).
b) Placez les gousses d'ail non pelées au milieu d'un grand carré de papier d'aluminium.
c) Arrosez les clous de girofle d'1 cuillère à soupe d'huile d'olive et enveloppez-les dans du papier aluminium.
d) Rôtir au four préchauffé pendant 10 à 15 minutes jusqu'à ce que l'ail devienne doré.
e) Retirer du four et laisser refroidir l'ail rôti pendant 5 à 10 minutes.
f) Pressez l'ail rôti des pelures dans un robot culinaire.
g) Ajoutez les pois chiches égouttés, le tahini, le jus de citron frais, le cumin moulu, le sel et la cuillère à soupe d'huile d'olive restante dans le robot culinaire.
h) Mélangez les ingrédients jusqu'à ce que le mélange devienne très crémeux.
i) Transférez le houmous syrien dans un bol de service.
j) Éventuellement, arrosez d'un filet d'huile d'olive supplémentaire et saupoudrez d'une pincée de cumin.
k) Servir avec du pain pita, des légumes ou vos trempettes préférées.

10. Labneh (tartinade au yaourt et au fromage)

INGRÉDIENTS:
- 2 tasses de yaourt nature
- 1/2 cuillère à café de sel
- Huile d'olive pour arroser
- Herbes fraîches (comme la menthe ou le thym), hachées

INSTRUCTIONS:
a) Mélangez le yaourt avec du sel et placez-le dans une passoire recouverte d'une étamine au-dessus d'un bol.
b) Laissez le yaourt égoutter au réfrigérateur pendant au moins 24 heures ou jusqu'à ce qu'il atteigne une consistance épaisse semblable à celle d'un fromage à la crème.
c) Transférer le labneh dans une assiette de service, arroser d'huile d'olive et saupoudrer d'herbes fraîches.

11. Houmous aux pignons de pin et à l'huile d'olive

INGRÉDIENTS:
- 1 boîte (15 oz) de pois chiches, égouttés et rincés
- 1/4 tasse de tahin
- 1/4 tasse d'huile d'olive
- 2 gousses d'ail, hachées
- Jus d'1 citron
- Sel au goût
- Pignons de pin et huile d'olive supplémentaire pour la garniture

INSTRUCTIONS:
a) Dans un robot culinaire, mélanger les pois chiches, le tahini, l'huile d'olive, l'ail, le jus de citron et le sel.
b) Mélanger jusqu'à consistance lisse.
c) Transférer dans un bol de service, arroser d'huile d'olive supplémentaire et saupoudrer de pignons de pin.

12. Trempette au zaatar et à l'huile d'olive

INGRÉDIENTS:
- 3 cuillères à soupe de mélange d'épices za'atar
- 1/4 tasse d'huile d'olive
- Pain pita pour servir

INSTRUCTIONS:
a) Dans un petit bol, mélangez le zaatar avec l'huile d'olive pour créer une pâte épaisse.
b) Servir comme trempette avec du pain pita frais ou grillé.

13. Laban Bi Khiar (trempette au yaourt et au concombre)

INGRÉDIENTS:
- 1 tasse de yaourt grec
- 1 concombre, coupé en petits dés
- 2 gousses d'ail, hachées
- 2 cuillères à soupe de menthe fraîche hachée
- Sel et poivre au goût
- Huile d'olive pour arroser

INSTRUCTIONS:
a) Mélangez le yaourt grec, les dés de concombre, l'ail émincé et la menthe hachée dans un bol.
b) Assaisonnez avec du sel et du poivre.
c) Arroser d'huile d'olive avant de servir.

COLLATIONS ET APÉRITIFS

14. Kibbeh du Moyen-Orient

INGRÉDIENTS:
- 2/3 tasse de boulgour moyen grossier
- 1 tasse de feuilles de menthe fraîche
- 1 gros oignon, haché
- 1 cuillère à café de cumin moulu
- 1 cuillère à café de piment de la Jamaïque moulu
- 1 cuillère à café de sel
- 1/2 cuillère à café de poivre noir moulu
- 1 1/2 livre d'agneau haché maigre
- 3 cuillères à soupe d'huile d'olive

INSTRUCTIONS:
a) Placez le boulgour dans un bol allant au micro-ondes et couvrez d'eau jusqu'au sommet du boulgour.
b) Cuire au micro-ondes à puissance élevée pendant 1 à 2 minutes jusqu'à ce que le boulgour soit gonflé et que l'eau soit absorbée.
c) Remuer brièvement et laisser reposer jusqu'à refroidissement.
d) Placez les feuilles de menthe dans le bol d'un robot culinaire.
e) Ajoutez progressivement l'oignon haché dans le tube d'alimentation, en mélangeant jusqu'à ce que la menthe et l'oignon soient finement hachés.
f) Incorporer le mélange menthe-oignon au boulgour refroidi.
g) Ajouter le cumin moulu, le piment de la Jamaïque, le sel et le poivre. Bien mélanger.
h) Mélanger le mélange de boulgour avec l'agneau haché, en veillant à bien mélanger.
i) Avec les mains humides, façonner le mélange d'agneau en petites galettes de la taille d'une paume.
j) Chauffer l'huile d'olive dans une poêle à feu moyen.
k) Ajoutez les galettes de kibbeh et faites cuire jusqu'à ce que l'extérieur soit doré et que le centre soit bien cuit, en les retournant une fois. Cela devrait prendre environ 6 minutes de chaque côté.
l) Servez les galettes de kibbeh avec du tahini, une pâte de graines de sésame, pour une saveur traditionnelle du Moyen-Orient.

15.Sfiha (tartes à la viande syriennes)

INGRÉDIENTS:
- Pâte à pizza ou pâte à pain plat
- 1/2 lb d'agneau ou de bœuf haché
- 1 oignon, finement haché
- 2 tomates hachées
- 2 cuillères à soupe de mélasse de grenade
- 1 cuillère à café de cannelle moulue
- Sel et poivre au goût
- Huile d'olive pour badigeonner

INSTRUCTIONS:

a) Dans une poêle, faire revenir la viande hachée avec l'oignon émincé jusqu'à ce qu'elle soit dorée.
b) Ajouter les tomates hachées, la mélasse de grenade, la cannelle moulue, le sel et le poivre. Cuire jusqu'à ce que le mélange épaississe.
c) Étalez la pâte à pizza ou à pain plat et coupez-la en petits cercles.
d) Placer une cuillerée du mélange de viande au centre de chaque cercle.
e) Pliez les bords pour créer une petite tarte ouverte.
f) Badigeonner d'huile d'olive et cuire au four jusqu'à ce qu'ils soient dorés.

16. Feuilles de vigne d'Alep

INGRÉDIENTS:
- 1 tasse de riz blanc non cuit
- 2 livres d'agneau haché
- 1 cuillère à soupe de piment de la Jamaïque moulu
- 1 cuillère à café de sel
- 1 cuillère à café de poivre noir moulu
- 2 pots (16 onces) de feuilles de vigne, égouttées et rincées
- 6 gousses d'ail, tranchées
- 1 tasse de jus de citron
- 2 olives kalamata (facultatif)

INSTRUCTIONS:
a) Faire tremper le riz dans l'eau froide et égoutter.
b) Dans un grand bol, mélanger l'agneau haché, le riz trempé et égoutté, le piment de la Jamaïque, le sel et le poivre noir. Mélanger jusqu'à ce que le tout soit bien mélangé.
c) Prenez une feuille de vigne et placez environ 1 cuillère à soupe du mélange de viande au centre de chaque feuille.
d) Pliez la feuille une fois, retournez les bords de chaque côté, puis roulez la feuille pour la fermer.
e) Empilez les feuilles de vigne roulées dans une grande casserole.
f) Placer des tranches d'ail entre chaque couche.
g) Ajoutez juste assez d'eau pour couvrir les rouleaux.
h) Versez le jus de citron sur les feuilles de vigne dans la casserole.
i) Ajoutez éventuellement des olives kalamata dans la casserole pour plus de saveur.
j) Placez une assiette sur les rouleaux de feuilles de vigne pour les maintenir immergés dans l'eau.
k) Portez la casserole à ébullition, puis réduisez le feu au minimum.
l) Couvrir et laisser mijoter 1 heure et 15 minutes.
m) Goûtez le riz pour la cuisson. Les feuilles de vigne peuvent reposer pendant plusieurs heures pour rehausser la saveur.
n) Servez les feuilles de raisin d'Alep et savourez les délicieuses saveurs transmises d'Alep, en Syrie.

17.Oignons farcis

INGRÉDIENTS:

- 4 gros oignons (2 lb / 900 g au total, poids pelé) environ 1⅔ tasse / 400 ml de bouillon de légumes
- 1½ cuillère à soupe de mélasse de grenade
- sel et poivre noir fraîchement moulu
- REMBOURRAGE
- 1½ cuillère à soupe d'huile d'olive
- 1 tasse / 150 g d'échalotes finement hachées
- ½ tasse / 100 g de riz à grains courts
- ¼ tasse / 35 g de pignons de pin concassés
- 2 cuillères à soupe de menthe fraîche hachée
- 2 cuillères à soupe de persil plat haché
- 2 cuillères à café de menthe séchée
- 1 cuillère à café de cumin moulu
- ⅛ cuillère à café de clou de girofle moulu
- ¼ cuillère à café de piment de la Jamaïque moulu
- ¾ cuillère à café de sel
- ½ cuillère à café de poivre noir fraîchement moulu
- 4 quartiers de citron (facultatif)

INSTRUCTIONS:

a) Épluchez et coupez environ 0,5 cm du dessus et de la queue des oignons, placez les oignons parés dans une grande casserole avec beaucoup d'eau, portez à ébullition et laissez cuire 15 minutes. Égoutter et laisser refroidir.

b) Pour préparer la farce, faites chauffer l'huile d'olive dans une poêle moyenne à feu moyen-vif et ajoutez les échalotes. Faire sauter pendant 8 minutes en remuant souvent, puis ajouter tous les ingrédients restants sauf les quartiers de citron. Baissez le feu et poursuivez la cuisson en remuant pendant 10 minutes.

c) À l'aide d'un petit couteau, faites une longue entaille du haut de l'oignon vers le bas, en allant jusqu'au centre, de sorte que chaque couche d'oignon ne soit traversée que par une seule fente. Commencez à séparer délicatement les couches d'oignon, l'une après l'autre, jusqu'à atteindre le noyau. Ne vous inquiétez pas si certaines couches se déchirent un peu à cause du pelage ; vous pouvez toujours les utiliser.

d) Tenez une couche d'oignon dans une main en coupe et versez environ 1 cuillère à soupe du mélange de riz dans la moitié de l'oignon, en plaçant la garniture près d'une extrémité de l'ouverture. Ne soyez pas tenté de le remplir davantage, car il doit être bien emballé. Pliez le côté vide de l'oignon sur le côté farci et roulez-le fermement pour que le riz soit recouvert de quelques couches d'oignon sans air au milieu. Placez-le dans une poêle moyenne munie d'un couvercle, joint vers le bas, et continuez avec le reste du mélange d'oignons et de riz. Disposez les oignons côte à côte dans la poêle, afin qu'il n'y ait pas d'espace pour bouger. Remplissez tous les espaces avec des parties de l'oignon qui n'ont pas été farcies. Ajoutez suffisamment de bouillon pour que les oignons soient recouverts aux trois quarts, ainsi que la mélasse de grenade, et assaisonnez avec ¼ de cuillère à café de sel.
e) Couvrir la casserole et laisser mijoter à feu le plus bas possible pendant 1h30 à 2 heures, jusqu'à ce que le liquide se soit évaporé. Servir tiède ou à température ambiante, avec des quartiers de citron si vous le souhaitez.

18. Poivrons romano farcis

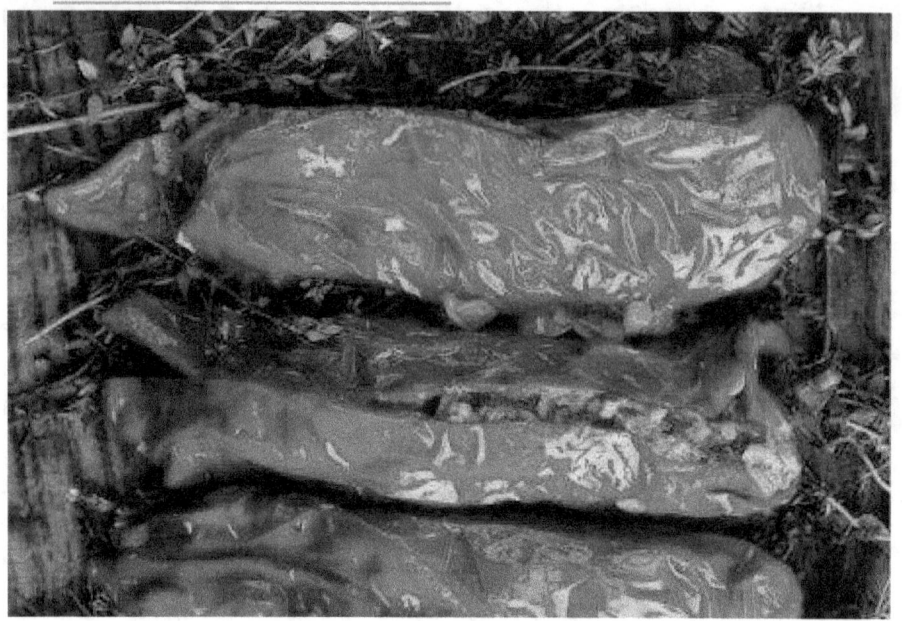

INGRÉDIENTS:
- 8 poivrons romano moyens ou autres poivrons doux
- 1 grosse tomate, hachée grossièrement (1 tasse / 170 g au total)
- 2 oignons moyens, hachés grossièrement (1⅔ tasse / 250 g au total)
- environ 2 tasses / 500 ml de bouillon de légumes
- REMBOURRAGE
- ¾ tasse / 140 g de riz basmati
- 1½ cuillère à soupe de mélange d'épices baharat (du commerce ou voir recette)
- ½ cuillère à café de cardamome moulue
- 2 cuillères à soupe d'huile d'olive
- 1 gros oignon, finement haché (1⅓ tasse / 200 g au total)
- 14 oz / 400 g d'agneau haché
- 2½ cuillères à soupe de persil plat haché
- 2 cuillères à soupe d'aneth haché
- 1½ cuillère à soupe de menthe séchée
- 1½ cuillère à café de sucre
- sel et poivre noir fraîchement moulu

INSTRUCTIONS:

a) Commencez par la farce. Mettez le riz dans une casserole et couvrez d'eau légèrement salée. Portez à ébullition puis laissez cuire 4 minutes. Égoutter, rafraîchir sous l'eau froide et réserver.

b) Faites revenir les épices à sec dans une poêle. Ajoutez l'huile d'olive et l'oignon et faites revenir environ 7 minutes, en remuant souvent, jusqu'à ce que l'oignon soit tendre. Versez-le avec le riz, la viande, les herbes, le sucre et 1 cuillère à café de sel dans un grand bol à mélanger. Utilisez vos mains pour bien mélanger le tout.

c) En commençant par l'extrémité de la tige, utilisez un petit couteau pour couper chaque poivron aux trois quarts de la longueur, sans retirer la tige, créant ainsi une longue ouverture. Sans trop forcer le poivron, retirez les graines puis farcissez chaque poivron avec une quantité égale du mélange.

d) Placez la tomate et l'oignon hachés dans une très grande poêle pour laquelle vous disposez d'un couvercle hermétique. Disposez les poivrons dessus, rapprochez-les et versez juste assez de bouillon pour qu'il atteigne 1 cm sur les côtés des poivrons. Assaisonner avec ½ cuillère à café de sel et un peu de poivre noir. Couvrir la casserole avec un couvercle et laisser mijoter à feu le plus bas possible pendant une heure. Il est important que la garniture soit juste cuite à la vapeur, le couvercle doit donc être bien ajusté ; assurez-vous qu'il y a toujours un peu de liquide au fond de la casserole. Servir les poivrons tièdes, pas chauds ou à température ambiante.

19. Aubergines farcies à l'agneau et aux pignons de pin

INGRÉDIENTS:
- 4 aubergines moyennes (environ 2½ lb / 1,2 kg), coupées en deux dans le sens de la longueur
- 6 cuillères à soupe / 90 ml d'huile d'olive
- 1½ cuillère à café de cumin moulu
- 1½ cuillère à soupe de paprika doux
- 1 cuillère à soupe de cannelle moulue
- 2 oignons moyens (12 oz / 340 g au total), finement hachés
- 1 lb / 500 g d'agneau haché
- 7 cuillères à soupe / 50 g de pignons de pin
- ⅔ oz / 20 g de persil plat, haché
- 2 cuillères à café de concentré de tomate
- 3 cuillères à café de sucre ultrafin
- ⅔ tasse / 150 ml d'eau
- 1½ cuillère à soupe de jus de citron fraîchement pressé
- 1 cuillère à café de pâte de tamarin
- 4 bâtons de cannelle
- sel et poivre noir fraîchement moulu

INSTRUCTIONS:
a) Préchauffer le four à 425°F / 220°C.
b) Placez les moitiés d'aubergines, côté peau vers le bas, dans une rôtissoire suffisamment grande pour les accueillir confortablement. Badigeonnez la chair de 4 cuillères à soupe d'huile d'olive et assaisonnez avec 1 cuillère à café de sel et beaucoup de poivre noir. Rôtir environ 20 minutes, jusqu'à ce qu'ils soient dorés. Retirer du four et laisser refroidir légèrement.
c) Pendant que les aubergines cuisent, vous pouvez commencer à préparer la farce en faisant chauffer les 2 cuillères à soupe d'huile d'olive restantes dans une grande poêle. Mélangez le cumin, le paprika et la cannelle moulue et ajoutez la moitié de ce mélange d'épices dans la poêle, ainsi que les oignons. Cuire à feu moyen-vif pendant environ 8 minutes, en remuant souvent, avant d'ajouter l'agneau, les pignons de pin, le persil, la pâte de tomate, 1 cuillère à café de sucre, 1 cuillère à café de sel et un peu de poivre noir. Continuez la cuisson et remuez encore 8 minutes, jusqu'à ce que la viande soit cuite.

d) Placez le reste du mélange d'épices dans un bol et ajoutez l'eau, le jus de citron, le tamarin, les 2 cuillères à café de sucre restantes, les bâtons de cannelle et ½ cuillère à café de sel ; bien mélanger.
e) Réduisez la température du four à 375°F / 195°C. Versez le mélange d'épices au fond de la rôtissoire pour aubergines. Verser le mélange d'agneau sur chaque aubergine. Couvrir hermétiquement la poêle de papier d'aluminium, remettre au four et rôtir pendant 1h30, après quoi les aubergines doivent être complètement molles et la sauce épaisse ; deux fois pendant la cuisson, retirez le papier d'aluminium et arrosez les aubergines avec la sauce, en ajoutant un peu d'eau si la sauce sèche. Servir tiède, pas chaud ou à température ambiante.

20.Pommes de terre farcies

À 6

INGRÉDIENTS:
- 1 lb / 500 g de bœuf haché
- environ 2 tasses / 200 g de chapelure blanche
- 1 oignon moyen, finement haché (¾ tasse / 120 g au total)
- 2 gousses d'ail, écrasées
- ⅔ oz / 20 g de persil plat, finement haché
- 2 cuillères à soupe de feuilles de thym hachées
- 1½ cuillère à café de cannelle moulue
- 2 gros œufs fermiers, battus
- 3¼ lb / 1,5 kg de pommes de terre Yukon Gold moyennes, environ 3¾ sur 2¼ pouces / 9 sur 6 cm, pelées et coupées en deux dans le sens de la longueur
- 2 cuillères à soupe de coriandre hachée
- sel et poivre noir fraîchement moulu

SAUCE TOMATE
- 2 cuillères à soupe d'huile d'olive
- 5 gousses d'ail écrasées
- 1 oignon moyen, finement haché (¾ tasse / 120 g au total)
- 1½ branches de céleri, hachées finement (⅔ tasse / 80 g au total)
- 1 petite carotte, pelée et hachée finement (½ tasse / 70 g au total)
- 1 piment rouge, finement haché
- 1½ cuillère à café de cumin moulu
- 1 cuillère à café de piment de la Jamaïque moulu
- pincée de paprika fumé
- 1½ cuillère à café de paprika doux
- 1 cuillère à café de graines de carvi, écrasées avec un mortier et un pilon ou un moulin à épices
- une boîte de 28 oz / 800 g de tomates hachées
- 1 cuillère à soupe de pâte de tamarin
- 1½ cuillère à café de sucre ultrafin

INSTRUCTIONS:
a) Commencez par la sauce tomate. Faites chauffer l'huile d'olive dans la poêle la plus large dont vous disposez ; vous aurez également besoin d'un couvercle. Ajouter l'ail, l'oignon, le céleri, la carotte et le chili et faire revenir à feu doux pendant 10 minutes, jusqu'à ce que les légumes soient tendres. Ajouter les épices, bien mélanger et cuire 2 à 3 minutes. Versez les tomates hachées, le tamarin, le sucre, ½ cuillère

à café de sel et un peu de poivre noir et portez à ébullition. Retirer du feu.

b) Pour faire les pommes de terre farcies, placez le bœuf, la chapelure, l'oignon, l'ail, le persil, le thym, la cannelle, 1 cuillère à café de sel, un peu de poivre noir et les œufs dans un bol à mélanger. Utilisez vos mains pour bien mélanger tous les ingrédients.

c) Évidez chaque moitié de pomme de terre avec une cuillère à melon ou une cuillère à café, créant une coquille de ⅔ pouce / 1,5 cm d'épaisseur. Farcissez le mélange de viande dans chaque cavité, en utilisant vos mains pour le pousser vers le bas afin qu'il remplisse complètement la pomme de terre. Pressez soigneusement toutes les pommes de terre dans la sauce tomate afin qu'elles soient rapprochées, la farce de viande tournée vers le haut. Ajoutez environ 1¼ tasse / 300 ml d'eau, ou juste assez pour presque recouvrir les galettes de sauce, portez à léger ébullition, couvrez la casserole avec un couvercle et laissez cuire lentement pendant au moins 1 heure ou même plus, jusqu'à ce que la sauce est épais et les pommes de terre sont très molles. Si la sauce n'a pas suffisamment épaissi, retirez le couvercle et laissez réduire 5 à 10 minutes. Servir chaud ou tiède, garni de coriandre.

PLAT PRINCIPAL

21. Tabakh Roho (ragoût syrien d'agneau et de légumes)

INGRÉDIENTS:
- 1 cuillère à soupe de ghee (beurre clarifié) (facultatif)
- 1 livre de viande d'agneau, coupée en petits morceaux

MÉLANGE D'ÉPICES :
- 1 cuillère à café de piment de la Jamaïque moulu
- 1/2 cuillère à café de cannelle moulue
- 1/4 cuillère à café de clous de girofle moulus
- 1/4 cuillère à café de muscade moulue
- 1 pincée de cardamome moulue

LÉGUMES:
- 2 oignons, tranchés
- 1 pomme de terre, pelée et tranchée
- 1 livre d'aubergines, pelées et coupées en cubes
- 1 livre de courgettes, tranchées épaisses
- 2 livres de tomates, en cubes
- 1 piment vert
- Sel au goût

SUPPLÉMENTAIRE :
- 1 cuillère à soupe de concentré de tomate
- 1/4 tasse d'eau
- 6 gousses d'ail écrasées
- Sel au goût
- 3 cuillères à soupe de menthe séchée
- 1 cuillère à soupe de ghee (beurre clarifié), fondu (facultatif)

INSTRUCTIONS:
a) Faites chauffer le ghee dans une grande casserole à feu moyen-vif.
b) Ajouter les morceaux d'agneau et cuire jusqu'à ce qu'ils soient uniformément dorés.
c) Assaisonner avec du piment de la Jamaïque, de la cannelle, des clous de girofle, de la muscade et de la cardamome. Bien mélanger.

SUPERPOSER LES LÉGUMES :
d) Placer une couche d'oignons émincés sur l'agneau sans remuer.
e) Garnir de couches de tranches de pommes de terre, d'aubergines en cubes, de courgettes tranchées épaisses et de tomates en cubes.
f) Répétez les couches jusqu'à ce que tous les légumes soient utilisés, en terminant par les tomates sur le dessus.
g) Placez le piment vert au centre des tomates.

h) Assaisonnez avec du sel.

PRÉPARER LE MÉLANGE DE PÂTE DE TOMATE :

i) Diluer le concentré de tomate dans l'eau.
j) Versez le mélange sur les légumes en couches.
k) Portez le ragoût à ébullition, puis réduisez le feu à doux.
l) Laisser mijoter pendant 1 heure ou jusqu'à ce que les légumes soient tendres.

PRÉPARER LE MÉLANGE AIL ET MENTHE :

m) Dans un mortier et un pilon, écrasez ensemble l'ail, une pincée de sel et la menthe séchée.
n) Mélanger avec 2 cuillères à soupe de liquide du pot.
o) Déposez le mélange par cuillerées sur les légumes sans remuer.
p) Laisser mijoter encore 5 minutes.
q) Inclinez doucement la casserole et laissez le ragoût glisser dans un grand bol ou un plat de service, en conservant ses couches.
r) Saupoudrer de ghee fondu, si désiré.

22.Sandwich pita aux falafels avec sauce tahini

INGRÉDIENTS:

- 12 falafels surgelés
- ¼ tasse de tahin
- ¼ tasse d'eau
- 2 cuillères à soupe de jus de citron
- 2 gousses d'ail, hachées
- ¼ cuillère à café de paprika moulu
- 6 pitas de blé entier
- 1 laitue pommée, râpée
- 1 tomate, coupée en fins quartiers
- ½ concombre, pelé et tranché
- 1 cornichon à l'aneth faible en sodium, tranché
- ¼ petit oignon rouge, tranché finement
- 3 cuillères à café de harissa, ou au goût (facultatif)

INSTRUCTIONS:

a) Préchauffer le four à 450 degrés F (230 degrés C). Placer les falafels sur une plaque à pâtisserie.
b) Cuire les falafels au four préchauffé jusqu'à ce qu'ils soient bien chauds, 8 à 10 minutes.
c) Pendant que les falafels cuisent, fouettez le tahini, l'eau, le jus de citron, l'ail émincé et le paprika dans un bol.
d) Coupez environ 1 pouce du haut de chaque pita pour former une poche.
e) Ajoutez 2 falafels à chaque pita, ainsi que des quantités égales de laitue, de tomate, de concombre, de cornichon et d'oignon rouge.
f) Arrosez chaque sandwich pita d'environ 1 cuillère à soupe de sauce tahini.
g) Éventuellement, ajoutez de la harissa pour un piquant supplémentaire, en ajustant la quantité selon votre goût.
h) Servez les sandwichs pita falafel immédiatement pendant qu'ils sont chauds et savourez le mélange de saveurs.

23. Coings farcis à l'agneau, à la grenade et à la coriandre

INGRÉDIENTS:

- 14 oz / 400 g d'agneau haché
- 1 gousse d'ail, écrasée
- 1 piment rouge, haché
- ⅔ oz / 20 g de coriandre hachée, plus 2 cuillères à soupe pour garnir
- ½ tasse / 50 g de chapelure
- 1 cuillère à café de piment de la Jamaïque moulu
- 2 cuillères à soupe de gingembre frais finement râpé
- 2 oignons moyens, hachés finement (1⅓ tasse / 220 g au total)
- 1 gros œuf fermier
- 4 coings (2¾ lb / 1,3 kg au total)
- jus de ½ citron, plus 1 cuillère à soupe de jus de citron fraîchement pressé
- 3 cuillères à soupe d'huile d'olive
- 8 gousses de cardamome
- 2 cuillères à café de mélasse de grenade
- 2 cuillères à café de sucre
- 2 tasses / 500 ml de bouillon de poulet
- graines de ½ grenade
- sel et poivre noir fraîchement moulu

INSTRUCTIONS :

a) Placez l'agneau dans un bol à mélanger avec l'ail, le piment, la coriandre, la chapelure, le piment de la Jamaïque, la moitié du gingembre, la moitié de l'oignon, l'œuf, ¾ de cuillère à café de sel et un peu de poivre. Mélangez bien avec vos mains et réservez.

b) Épluchez les coings et coupez-les en deux dans le sens de la longueur. Mettez-les dans un bol d'eau froide avec le jus du ½ citron pour qu'ils ne brunissent pas. Utilisez une cuillère à melon ou une petite cuillère pour retirer les graines, puis évidez les moitiés de coings pour vous retrouver avec une coquille de ⅔ pouce / 1,5 cm. Conservez la chair évidée. Remplissez les creux avec le mélange d'agneau en appuyant dessus avec vos mains.

c) Faites chauffer l'huile d'olive dans une grande poêle munie d'un couvercle. Placez la chair de coing réservée dans un robot culinaire, mixez pour bien hacher, puis transférez le mélange dans la poêle avec le reste de l'oignon, du gingembre et des gousses de cardamome. Faire sauter pendant 10 à 12 minutes, jusqu'à ce que l'oignon soit ramolli. Ajoutez la mélasse, 1 cuillère à soupe de jus de citron, le sucre, le bouillon, ½ cuillère à café de sel et un peu de poivre noir et mélangez bien. Ajoutez les moitiés de coings à la sauce, avec la farce de viande vers le haut, baissez le feu pour laisser mijoter doucement, couvrez la poêle et laissez cuire environ 30 minutes. A la fin, les coings doivent être bien tendres, la viande bien cuite et la sauce épaisse. Soulevez le couvercle et laissez mijoter une minute ou deux pour réduire la sauce si nécessaire.

d) Servir tiède ou à température ambiante, parsemé de graines de coriandre et de grenade.

24. Riz syrien à la viande

INGRÉDIENTS:
- ¼ tasse de beurre
- 2 livres de bœuf haché
- 2 cuillères à café de sel
- ½ cuillère à café de piment de la Jamaïque moulu
- ½ cuillère à café de cannelle moulue
- ½ cuillère à café de poivre noir moulu
- 4 ½ tasses de bouillon de poulet
- 2 tasses de riz blanc à grains longs
- 2 cuillères à soupe de beurre
- ½ tasse de pignons de pin

INSTRUCTIONS:
a) Chauffer 1/4 tasse de beurre dans une grande casserole à feu moyen-vif.
b) Ajouter le bœuf haché et assaisonner avec du sel, du piment de la Jamaïque, de la cannelle et du poivre noir.
c) Cuire et remuer jusqu'à ce que le bœuf soit doré et friable, environ 7 à 10 minutes.
d) Incorporer le bouillon de poulet et le riz au bœuf dans la casserole.
e) Portez à ébullition, puis réduisez le feu au minimum, couvrez et laissez cuire jusqu'à ce que le liquide soit absorbé, environ 20 minutes.
f) Pendant ce temps, faites fondre 2 cuillères à soupe de beurre dans une petite poêle à feu moyen.
g) Cuire et incorporer les pignons de pin dans le beurre chaud jusqu'à ce qu'ils soient légèrement dorés, environ 3 à 5 minutes.
h) Mélangez les pignons de pin grillés au mélange bœuf-riz avant de servir.

25. À l'envers (Maqluba)

INGRÉDIENTS:
- 7 tasses d'eau
- 2 oignons, hachés
- 1 cuillère à soupe d'ail haché
- 1 cuillère à café de cannelle moulue
- 1 cuillère à café de curcuma moulu
- 2 cuillères à café de garam masala
- Sel et poivre noir moulu, au goût
- 2 tasses d'huile de cuisson
- 2 tasses de viande d'agneau, coupée en petits morceaux
- 1 grosse aubergine, coupée en tranches de 3/4 de pouce
- 2 courgettes, coupées en tranches de 1/4 de pouce
- 1 tasse de brocoli
- 1 tasse de chou-fleur
- 1 ½ tasse de riz au jasmin
- 1 contenant (16 onces) de yaourt nature

INSTRUCTIONS:

a) Dans une grande casserole, porter à ébullition l'eau, les oignons hachés, l'ail haché, la cannelle moulue, le curcuma moulu, le garam masala, le sel et le poivre.
b) Ajouter l'agneau au mélange bouillant, réduire le feu à doux et laisser mijoter pendant 15 à 20 minutes.
c) Séparez l'agneau du liquide et réservez. Transférez le liquide dans un bol.
d) Chauffer l'huile de cuisson dans une grande poêle profonde à feu moyen.
e) Faites frire les tranches d'aubergines jusqu'à ce qu'elles soient dorées des deux côtés, puis retirez-les et égouttez-les sur du papier absorbant.
f) Répétez le processus de friture pour les courgettes et le chou-fleur. Cuire le brocoli dans l'huile jusqu'à ce qu'il soit chaud, puis égoutter sur du papier absorbant.
g) Disposez l'agneau au fond de la grande marmite.
h) Disposez les aubergines frites, les courgettes, le brocoli et le chou-fleur sur l'agneau en couches.
i) Versez le riz au jasmin sur la viande et les légumes, en secouant doucement la casserole pour décanter le riz.
j) Versez le jus de cuisson réservé de l'agneau sur le mélange jusqu'à ce qu'il soit complètement recouvert. Ajoutez de l'eau si nécessaire.
k) Couvrir la casserole et laisser mijoter à feu doux jusqu'à ce que le riz soit tendre et que le liquide soit absorbé, environ 30 à 45 minutes.
l) Retirez le couvercle de la marmite.
m) Placez un grand plat sur la casserole et retournez la casserole pour que le plat soit « à l'envers » sur le plateau.
n) Servir avec du yaourt à part.

26. Boeuf et Coing

INGRÉDIENTS:
- 1 kg de viande
- 2 cuillères à café de pâte d'ail
- 2 kg de coing
- 1 cuillère à café de sucre
- 1 litre de jus de grenade aigre
- 2 cuillères à café de menthe (finement hachée)
- 5 cuillères à café de concentré de tomate
- 1 cuillère à café de sel

INSTRUCTIONS:

a) Coupez la viande en morceaux moyens et mettez-la dans une casserole. Ajoutez de l'eau et laissez bien cuire à feu moyen.

b) Ajoutez tous les ingrédients dans la casserole sauf les coings et laissez-les bien cuire.

c) Coupez les coings en morceaux moyens et ajoutez-les dans la casserole.

d) Une fois cuit, servez-le dans une assiette, accompagné de préférence de riz blanc en accompagnement.

27.Poulet et riz Baharat

INGRÉDIENTS :
MÉLANGE D'ÉPICES BAHARAT :
- 1 ½ cuillères à soupe de paprika fort
- 1 cuillère à soupe de poivre noir moulu
- 1 cuillère à soupe de cumin
- ¾ cuillère à soupe de coriandre moulue
- ¾ cuillère à soupe de loomi moulu (chaux séchée)
- ½ cuillère à soupe de poudre de sumac
- ¼ cuillère à soupe de cannelle moulue
- ¼ cuillère à soupe de clous de girofle moulus
- ¼ cuillère à soupe de muscade moulue
- 5 gousses de cardamome verte, écrasées
- 2 gousses de cardamome noire, écrasées

POULET ET RIZ :
- ½ bouquet de coriandre fraîche
- 2 cuillères à soupe d'huile d'olive
- ½ citron frais, pressé
- 2 cuisses de poulet
- 2 cuisses de poulet
- 1 poitrine de poulet
- 1 ½ tasse de riz basmati brun
- ¼ tasse de noix de cajou crues
- ¼ tasse d'amandes crues décortiquées
- ¼ tasse de raisins secs dorés
- ⅛ tasse de pistaches crues décortiquées
- 2 cuillères à café d'huile d'olive
- 1 échalote, coupée en dés
- 1 tasse de bouillon de poulet

INSTRUCTIONS :
PRÉPARER LE MÉLANGE D'ÉPICES :
a) Mélanger le paprika, le poivre noir, le cumin, la coriandre, le loomi, le sumac, la cannelle, les clous de girofle, la muscade, la cardamome verte et la cardamome noire dans un bol moyen. Mettre de côté.

MARINER LE POULET :
b) Dans un sac en plastique refermable, mélanger la coriandre, 2 cuillères à soupe d'huile d'olive, le jus de citron et 1 cuillère à soupe du mélange d'épices.

c) Ajouter les cuisses, les cuisses et la poitrine de poulet dans le sac. Scellez et secouez pour bien enrober. Laisser mariner au réfrigérateur pendant au moins 4 heures.

PRÉPARER LE MÉLANGE DE RIZ :

d) Placer le riz dans un grand bol, couvrir d'eau et laisser tremper pendant au moins 1 heure.
e) Égouttez et rincez le riz, puis remettez-le dans le bol. Ajoutez les noix de cajou, les amandes, les raisins secs et les pistaches au riz. Incorporer 1 cuillère à soupe du mélange d'épices et bien mélanger. Mettre de côté.
f) Préchauffer le four à 375 degrés F (190 degrés C).
g) Faites chauffer 2 cuillères à café d'huile d'olive dans une cocotte ou un tajine à feu moyen. Cuire et remuer l'échalote jusqu'à ce qu'elle soit translucide, 1 à 3 minutes. Éteignez le feu.
h) Incorporer le mélange de riz jusqu'à ce que le tout soit bien mélangé.

ASSEMBLER ET CUIRE :

i) Retirez et jetez la coriandre du sac avec le poulet.
j) Versez le poulet mariné sur le mélange de riz dans la cocotte.
k) Versez le bouillon de poulet dans le sac réservé, secouez doucement et versez sur le poulet et le riz.
l) Couvrir la cocotte et cuire au four préchauffé jusqu'à ce que le riz soit tendre et que le poulet soit complètement cuit (environ 75 minutes).
m) Un thermomètre à lecture instantanée inséré au centre du poulet doit indiquer au moins 165 degrés F (74 degrés C).

28. Patates douces rôties et figues fraîches

INGRÉDIENTS:
- 4 petites patates douces (2¼ lb / 1 kg au total)
- 5 cuillères à soupe d'huile d'olive
- 3 cuillères à soupe / 40 ml de vinaigre balsamique (vous pouvez utiliser un vinaigre balsamique commercial plutôt qu'un vinaigre vieilli de première qualité)
- 1½ cuillère à soupe / 20 g de sucre ultrafin
- 12 oignons verts, coupés en deux dans le sens de la longueur et coupés en segments de 1½ po/4 cm
- 1 piment rouge, tranché finement
- 6 figues mûres (8½ oz / 240 g au total), coupées en quartiers
- 5 oz / 150 g de fromage au lait de chèvre à pâte molle (facultatif)
- Sel de mer de Maldon et poivre noir fraîchement moulu

INSTRUCTIONS:
a) Préchauffer le four à 475°F / 240°C.
b) Lavez les patates douces, coupez-les en deux dans le sens de la longueur, puis coupez à nouveau chaque moitié de la même manière en 3 longs quartiers. Mélangez avec 3 cuillères à soupe d'huile d'olive, 2 cuillères à café de sel et un peu de poivre noir. Étalez les quartiers, côté peau vers le bas, sur une plaque à pâtisserie et laissez cuire environ 25 minutes, jusqu'à ce qu'ils soient tendres mais pas pâteux. Retirer du four et laisser refroidir.
c) Pour faire la réduction balsamique, mettez le vinaigre balsamique et le sucre dans une petite casserole. Porter à ébullition, puis baisser le feu et laisser mijoter 2 à 4 minutes, jusqu'à ce que le mélange épaississe. Assurez-vous de retirer la casserole du feu lorsque le vinaigre est encore plus liquide que le miel ; il continuera à s'épaissir en refroidissant. Incorporez une goutte d'eau avant de servir si elle devient trop épaisse pour être arrosée.
d) Disposez les patates douces sur un plat de service. Faites chauffer le reste de l'huile dans une casserole moyenne à feu moyen et ajoutez les oignons verts et le piment. Faites frire pendant 4 à 5 minutes, en remuant souvent pour vous assurer de ne pas brûler le piment. Verser l'huile, les oignons et le piment sur les patates douces. Disposez les figues parmi les quartiers, puis arrosez-les de réduction balsamique. Servir à température ambiante. Émiettez le fromage sur le dessus, si vous en utilisez.

29. Le fattoush de Na'ama

INGRÉDIENTS:

- 1 tasse / 200 g de yaourt grec et ¾ tasse plus 2 cuillères à soupe / 200 ml de lait entier, ou 1⅔ tasse / 400 ml de babeurre (en remplacement du yaourt et du lait)
- 2 gros pains plats turcs rassis ou naan (9 oz / 250 g au total)
- 3 grosses tomates (13 oz / 380 g au total), coupées en dés de ⅔ po / 1,5 cm
- 3½ oz / 100 g de radis, tranchés finement
- 3 concombres libanais ou mini (9 oz / 250 g au total), pelés et coupés en dés de ⅔ po / 1,5 cm
- 2 oignons verts, tranchés finement
- ½ oz / 15 g de menthe fraîche
- 1 oz / 25 g de persil plat, haché grossièrement
- 1 cuillère à soupe de menthe séchée
- 2 gousses d'ail, écrasées
- 3 cuillères à soupe de jus de citron fraîchement pressé
- ¼ tasse / 60 ml d'huile d'olive, plus un peu pour arroser
- 2 cuillères à soupe de vinaigre de cidre ou de vin blanc
- ¾ cuillère à café de poivre noir fraîchement moulu
- 1½ cuillère à café de sel
- 1 cuillère à soupe de sumac ou plus au goût, pour garnir

INSTRUCTIONS:

a) Si vous utilisez du yaourt et du lait, commencez au moins 3 heures et jusqu'à un jour à l'avance en plaçant les deux dans un bol. Bien fouetter et laisser au frais ou au réfrigérateur jusqu'à ce que des bulles se forment à la surface. Vous obtenez une sorte de babeurre maison, mais moins aigre.

b) Déchirez le pain en bouchées et placez-le dans un grand bol à mélanger. Ajoutez votre mélange de yaourt fermenté ou de babeurre du commerce, suivi du reste des ingrédients, mélangez bien et laissez reposer 10 minutes pour que toutes les saveurs se mélangent.

c) Verser le fattoush dans des bols de service, arroser d'un peu d'huile d'olive et garnir de sumac.

30.Aubergines rôties à l'oignon frit

INGRÉDIENTS:
- 2 grosses aubergines, coupées en deux dans le sens de la longueur avec la tige (environ 1⅔ lb / 750 g au total)
- ⅔ tasse / 150 ml d'huile d'olive
- 4 oignons (environ 1¼ lb / 550 g au total), tranchés finement
- 1½ piments verts
- 1½ cuillère à café de cumin moulu
- 1 cuillère à café de sumac
- 1¾ oz / 50 g de fromage feta, cassé en gros morceaux
- 1 citron moyen
- 1 gousse d'ail, écrasée
- sel et poivre noir fraîchement moulu

INSTRUCTIONS:
a) Préchauffer le four à 425°F / 220°C.
b) Marquez le côté coupé de chaque aubergine avec un motif entrecroisé. Badigeonner les côtés coupés avec 6½ cuillères à soupe / 100 ml d'huile et saupoudrer généreusement de sel et de poivre. Placer sur une plaque à pâtisserie, côté coupé vers le haut, et rôtir au four pendant environ 45 minutes, jusqu'à ce que la chair soit dorée et complètement cuite.
c) Pendant que les aubergines rôtissent, ajoutez le reste de l'huile dans une grande poêle et placez sur feu vif. Ajoutez les oignons et ½ cuillère à café de sel et faites cuire pendant 8 minutes, en remuant souvent, pour que certaines parties de l'oignon deviennent bien foncées et croustillantes. Épépinez et hachez les piments, en gardant le tout séparé de la moitié. Ajoutez le cumin moulu, le sumac et le piment entier haché et laissez cuire encore 2 minutes avant d'ajouter la feta. Cuire une dernière minute sans trop remuer, puis retirer du feu.
d) Utilisez un petit couteau dentelé pour retirer la peau et la peau du citron. Hachez grossièrement la chair, en jetant les graines, et placez la chair et le jus éventuel dans un bol avec le ½ piment restant et l'ail.
e) Assemblez le plat dès que les aubergines sont prêtes. Transférez les moitiés rôties dans un plat de service et versez la sauce au citron sur la chair. Réchauffez un peu les oignons et versez-y. Servir chaud ou réserver à température ambiante.

31. Courge musquée rôtie au za'atar

INGRÉDIENTS:
- 1 grosse courge musquée (2½ lb / 1,1 kg au total), coupée en quartiers de ¾ sur 2½ pouces / 2 sur 6 cm
- 2 oignons rouges, coupés en quartiers de 1¼ po / 3 cm
- 3½ cuillères à soupe / 50 ml d'huile d'olive
- 3½ cuillères à soupe de pâte de tahini légère
- 1½ cuillère à soupe de jus de citron
- 2 cuillères à soupe d'eau
- 1 petite gousse d'ail écrasée
- 3½ cuillères à soupe / 30 g de pignons de pin
- 1 cuillère à soupe de zaatar
- 1 cuillère à soupe de persil plat haché grossièrement
- Sel de mer de Maldon et poivre noir fraîchement moulu

INSTRUCTIONS:
a) Préchauffer le four à 475°F / 240°C.
b) Mettez la courge et l'oignon dans un grand bol à mélanger, ajoutez 3 cuillères à soupe d'huile, 1 cuillère à café de sel et un peu de poivre noir et mélangez bien. Étaler sur une plaque à pâtisserie, peau vers le bas, et rôtir au four pendant 30 à 40 minutes, jusqu'à ce que les légumes aient pris un peu de couleur et soient bien cuits. Gardez un œil sur les oignons car ils pourraient cuire plus vite que la courge et doivent être retirés plus tôt. Retirer du four et laisser refroidir.
c) Pour préparer la sauce, placez le tahini dans un petit bol avec le jus de citron, l'eau, l'ail et ¼ de cuillère à café de sel. Fouetter jusqu'à ce que la sauce ait la consistance du miel, en ajoutant plus d'eau ou de tahini si nécessaire.
d) Versez les 1½ cuillères à café d'huile restantes dans une petite poêle et placez sur feu moyen-doux. Ajoutez les pignons de pin avec ½ cuillère à café de sel et faites cuire pendant 2 minutes, en remuant souvent, jusqu'à ce que les noix soient dorées. Retirer du feu et transférer les noix et l'huile dans un petit bol pour arrêter la cuisson.
e) Pour servir, étalez les légumes sur un grand plat de service et arrosez de tahini. Saupoudrer dessus les pignons de pin et leur huile, suivis du za'atar et du persil.

32. Fève Kuku

INGRÉDIENTS:
- 1 lb / 500 g de fèves, fraîches ou surgelées
- 5 cuillères à soupe / 75 ml d'eau bouillante
- 2 cuillères à soupe de sucre ultrafin
- 5 cuillères à soupe / 45 g d'épine-vinettes séchées
- 3 cuillères à soupe de crème épaisse
- ¼ cuillère à café de fils de safran
- 2 cuillères à soupe d'eau froide
- 5 cuillères à soupe d'huile d'olive
- 2 oignons moyens, finement hachés
- 4 gousses d'ail, écrasées
- 7 gros œufs fermiers
- 1 cuillère à soupe de farine tout usage
- ½ cuillère à café de levure chimique
- 1 tasse / 30 g d'aneth, haché
- ½ tasse / 15 g de menthe hachée
- sel et poivre noir fraîchement moulu

INSTRUCTIONS:

a) Préchauffer le four à 350°F / 180°C. Mettez les fèves dans une casserole avec beaucoup d'eau bouillante. Laisser mijoter 1 minute, égoutter, rafraîchir sous l'eau froide et réserver.

b) Versez 5 cuillères à soupe / 75 ml d'eau bouillante dans un bol moyen, ajoutez le sucre et remuez pour dissoudre. Une fois ce sirop tiède, ajoutez les barberries et laissez-les reposer environ 10 minutes, puis égouttez-les.

c) Portez à ébullition la crème, le safran et l'eau froide dans une petite casserole. Retirer immédiatement du feu et laisser infuser 30 minutes.

d) Faites chauffer 3 cuillères à soupe d'huile d'olive à feu moyen dans une poêle antiadhésive de 25 cm allant au four et munie d'un couvercle. Ajouter les oignons et cuire environ 4 minutes en remuant de temps en temps, puis ajouter l'ail et cuire en remuant encore 2 minutes. Incorporer les fèves et réserver.

e) Bien battre les œufs dans un grand bol à mélanger jusqu'à ce qu'ils soient mousseux. Ajoutez la farine, la levure chimique, la crème au safran, les herbes, 1½ cuillère à café de sel et ½ cuillère à café de poivre et fouettez bien. Enfin, incorporez les épine-vinettes et le mélange de fèves et d'oignons.

f) Essuyez la poêle, ajoutez le reste de l'huile d'olive et mettez au four pendant 10 minutes pour bien chauffer. Versez le mélange d'œufs dans la poêle chaude, couvrez avec le couvercle et enfournez pour 15 minutes. Retirez le couvercle et faites cuire encore 20 à 25 minutes, jusqu'à ce que les œufs soient à peine pris. Retirer du four et laisser reposer 5 minutes avant de retourner sur un plat de service. Servez chaud ou à température ambiante.

Salade d'artichauts crus et d'herbes

33. Boulettes de poireaux citronnés

INGRÉDIENTS:
- 6 gros poireaux parés (environ 1¾ lb / 800 g au total)
- 9 oz / 250 g de bœuf haché
- 1 tasse / 90 g de chapelure
- 2 gros œufs fermiers
- 2 cuillères à soupe d'huile de tournesol
- ¾ à 1¼ tasses / 200 à 300 ml de bouillon de poulet
- ⅓ tasse / 80 ml de jus de citron fraîchement pressé (environ 2 citrons)
- ⅓ tasse / 80 g de yaourt grec
- 1 cuillère à soupe de persil plat finement haché
- sel et poivre noir fraîchement moulu

INSTRUCTIONS:

a) Coupez les poireaux en tranches de ¾ de pouce / 2 cm et faites-les cuire à la vapeur pendant environ 20 minutes, jusqu'à ce qu'ils soient complètement tendres. Égoutter et laisser refroidir, puis essorer l'eau résiduelle avec un torchon. Passer les poireaux au robot culinaire en pulsant plusieurs fois jusqu'à ce qu'ils soient bien hachés mais pas pâteux. Placez les poireaux dans un grand bol à mélanger, avec la viande, la chapelure, les œufs, 1¼ cuillère à café de sel et 1 cuillère à café de poivre noir. Formez avec le mélange des galettes plates d'environ 2¾ sur ¾ pouces / 7 sur 2 cm, cela devrait faire 8. Réfrigérer pendant 30 minutes.

b) Faites chauffer l'huile à feu moyen-vif dans une grande poêle à fond épais munie d'un couvercle. Saisir les galettes des deux côtés jusqu'à ce qu'elles soient dorées; cela peut être fait par lots si nécessaire.

c) Essuyez la poêle avec une serviette en papier, puis déposez les boulettes de viande au fond, en les chevauchant légèrement si nécessaire. Versez suffisamment de bouillon pour couvrir presque, mais pas complètement, les galettes. Ajoutez le jus de citron et ½ cuillère à café de sel. Portez à ébullition, puis couvrez et laissez mijoter doucement pendant 30 minutes. Retirez le couvercle et laissez cuire encore quelques minutes, si nécessaire, jusqu'à ce que presque tout le liquide soit évaporé. Retirer la casserole du feu et laisser refroidir.

d) Servir les boulettes de viande tièdes ou à température ambiante, avec une cuillerée de yaourt et une pincée de persil.

34. Aubergine Chermoula au Boulgour et Yaourt

INGRÉDIENTS:

- 2 gousses d'ail, écrasées
- 2 cuillères à café de cumin moulu
- 2 cuillères à café de coriandre moulue
- 1 cuillère à café de flocons de chili
- 1 cuillère à café de paprika doux
- 2 cuillères à soupe de zeste de citron confit finement haché (du commerce ou voir recette)
- ⅔ tasse / 140 ml d'huile d'olive, plus un peu pour finir
- 2 aubergines moyennes
- 1 tasse / 150 g de boulgour fin
- ⅔ tasse / 140 ml d'eau bouillante
- ⅓ tasse / 50 g de raisins secs dorés
- 3½ cuillères à soupe / 50 ml d'eau tiède
- ⅓ oz / 10 g de coriandre hachée, plus un peu pour finir
- ⅓ oz / 10 g de menthe hachée
- ⅓ tasse / 50 g d'olives vertes dénoyautées, coupées en deux
- ⅓ tasse / 30 g d'amandes tranchées, grillées
- 3 oignons verts, hachés
- 1½ cuillère à soupe de jus de citron fraîchement pressé
- ½ tasse / 120 g de yaourt grec
- sel

INSTRUCTIONS:

a) Préchauffer le four à 400°F / 200°C.
b) Pour faire la chermoula, mélangez dans un petit bol l'ail, le cumin, la coriandre, le piment, le paprika, le citron confit, les deux tiers de l'huile d'olive et ½ cuillère à café de sel.
c) Coupez les aubergines en deux dans le sens de la longueur. Marquez la chair de chaque moitié avec des rayures profondes et diagonales entrecroisées, en veillant à ne pas percer la peau. Versez la chermoula sur chaque moitié, en l'étalant uniformément, et placez-la sur une plaque à pâtisserie, côté coupé vers le haut. Mettre au four et rôtir pendant 40 minutes ou jusqu'à ce que les aubergines soient complètement tendres.
d) Pendant ce temps, placez le boulgour dans un grand bol et couvrez d'eau bouillante.

e) Faire tremper les raisins secs dans l'eau tiède. Au bout de 10 minutes, égouttez les raisins secs et ajoutez-les au boulgour, avec le reste de l'huile. Ajoutez les herbes, les olives, les amandes, les oignons verts, le jus de citron et une pincée de sel et mélangez. Goûtez et ajoutez plus de sel si nécessaire.
f) Servir les aubergines tièdes ou à température ambiante. Placer ½ aubergine, côté coupé vers le haut, dans chaque assiette individuelle. Versez le boulgour dessus, en laissant tomber un peu des deux côtés. Verser un peu de yaourt, saupoudrer de coriandre et terminer par un filet d'huile.

35. Chou-fleur frit au tahini

INGRÉDIENTS:
- 2 tasses / 500 ml d'huile de tournesol
- 2 têtes de chou-fleur moyennes (2¼ lb / 1 kg au total), divisées en petits bouquets
- 8 oignons verts, chacun divisé en 3 longs segments
- ¾ tasse / 180 g de pâte de tahini légère
- 2 gousses d'ail, écrasées
- ¼ tasse / 15 g de persil plat, haché
- ¼ tasse / 15 g de menthe hachée, plus un peu pour finir
- ⅔ tasse / 150 g de yaourt grec
- ¼ tasse / 60 ml de jus de citron fraîchement pressé, plus le zeste râpé d'un citron
- 1 cuillère à café de mélasse de grenade, plus un peu pour finir
- environ ¾ tasse / 180 ml d'eau
- Sel de mer de Maldon et poivre noir fraîchement moulu

INSTRUCTIONS:
a) Faites chauffer l'huile de tournesol dans une grande casserole placée à feu moyen-vif. À l'aide d'une pince en métal ou d'une cuillère en métal, déposez délicatement quelques bouquets de chou-fleur à la fois dans l'huile et faites-les cuire 2 à 3 minutes en les retournant pour qu'ils se colorent uniformément. Une fois dorés, utilisez une écumoire pour soulever les fleurons dans une passoire et les égoutter. Saupoudrer d'un peu de sel. Continuez par lots jusqu'à ce que vous ayez fini tout le chou-fleur. Ensuite, faites frire les oignons verts par lots, mais pendant environ 1 minute seulement. Ajouter au chou-fleur. Laissez les deux refroidir un peu.

b) Versez la pâte de tahini dans un grand bol à mélanger et ajoutez l'ail, les herbes hachées, le yaourt, le jus et le zeste de citron, la mélasse de grenade, ainsi qu'un peu de sel et de poivre. Remuez bien avec une cuillère en bois pendant que vous ajoutez l'eau. La sauce tahini épaissira puis se détendra au fur et à mesure que vous ajouterez de l'eau. N'en ajoutez pas trop, juste assez pour obtenir une consistance épaisse, mais lisse et versable, un peu comme du miel.

c) Ajoutez le chou-fleur et les oignons verts au tahini et remuez bien. Goûtez et rectifiez l'assaisonnement. Vous voudrez peut-être également ajouter plus de jus de citron.

d) Pour servir, verser dans un bol de service et terminer avec quelques gouttes de mélasse de grenade et un peu de menthe.

36. Bette à carde avec tahini, yaourt et pignons de pin

INGRÉDIENTS :
- 2¾ lb / 1,3 kg de bette à carde
- 2½ cuillères à soupe / 40 g de beurre doux
- 2 cuillères à soupe d'huile d'olive, et un peu pour finir
- 5 cuillères à soupe / 40 g de pignons de pin
- 2 petites gousses d'ail, tranchées très finement
- ¼ tasse / 60 ml de vin blanc sec
- paprika doux, pour garnir (facultatif)
- sel et poivre noir fraîchement moulu

TAHINI et SAUCE YAOURT
- 3½ cuillères à soupe / 50 g de pâte de tahini légère
- 4½ cuillères à soupe / 50 g de yaourt grec
- 2 cuillères à soupe de jus de citron fraîchement pressé
- 1 gousse d'ail, écrasée
- 2 cuillères à soupe d'eau

INSTRUCTIONS:

a) Commencez par la sauce. Placez tous les ingrédients dans un bol moyen, ajoutez une pincée de sel et remuez bien avec un petit fouet jusqu'à obtenir une pâte lisse et semi-rigide. Mettre de côté.

b) Utilisez un couteau bien aiguisé pour séparer les tiges de blettes blanches des feuilles vertes et coupez les deux en tranches de ¾ de pouce / 2 cm de large, en les gardant séparées. Portez à ébullition une grande casserole d'eau salée et ajoutez les tiges de blettes. Laisser mijoter 2 minutes, ajouter les feuilles et cuire encore une minute. Égoutter et bien rincer sous l'eau froide. Laissez l'eau s'écouler, puis utilisez vos mains pour presser les blettes jusqu'à ce qu'elles soient complètement sèches.

c) Mettez la moitié du beurre et les 2 cuillères à soupe d'huile d'olive dans une grande poêle et faites chauffer à feu moyen. Une fois chauds, ajoutez les pignons de pin et mélangez-les dans la poêle jusqu'à ce qu'ils soient dorés, environ 2 minutes. Utilisez une écumoire pour les retirer de la poêle, puis jetez-y l'ail. Cuire environ une minute, jusqu'à ce qu'il commence à devenir doré. Versez délicatement (il va cracher !) le vin. Laisser agir une minute ou moins, jusqu'à ce qu'il réduise à environ un tiers. Ajouter les blettes et le reste du beurre et cuire 2 à 3 minutes en remuant de temps en temps jusqu'à ce que les blettes soient complètement chaudes. Assaisonner avec ½ cuillère à café de sel et un peu de poivre noir.

d) Répartissez les blettes dans des bols de service individuels, versez un peu de sauce tahini dessus et parsemez de pignons de pin. Enfin, arrosez d'huile d'olive et saupoudrez d'un peu de paprika, si vous le souhaitez.

37. Kofta B'siniyah

INGRÉDIENTS:
- ⅔ tasse / 150 g de pâte de tahini légère
- 3 cuillères à soupe de jus de citron fraîchement pressé
- ½ tasse / 120 ml d'eau
- 1 gousse d'ail moyenne, écrasée
- 2 cuillères à soupe d'huile de tournesol
- 2 cuillères à soupe / 30 g de beurre non salé ou de ghee (facultatif)
- pignons de pin grillés, pour garnir
- persil plat finement haché, pour garnir
- paprika doux, pour garnir
- sel

KOFTA
- 14 oz / 400 g d'agneau haché
- 14 oz / 400 g de veau ou de bœuf haché
- 1 petit oignon (environ 5 oz / 150 g), finement haché
- 2 grosses gousses d'ail, écrasées
- 7 cuillères à soupe / 50 g de pignons de pin grillés, hachés grossièrement
- ½ tasse / 30 g de persil plat finement haché
- 1 gros piment rouge mi-fort, épépiné et finement haché
- 1½ cuillère à café de cannelle moulue
- 1½ cuillère à café de piment de la Jamaïque moulu
- ¾ cuillère à café de muscade râpée
- 1½ cuillère à café de poivre noir fraîchement moulu
- 1½ cuillère à café de sel

INSTRUCTIONS:
a) Mettez tous les ingrédients du kofta dans un bol et utilisez vos mains pour bien mélanger le tout. Façonnez maintenant de longs doigts ressemblant à des torpilles, d'environ 3¼ pouces / 8 cm de long (environ 2 oz / 60 g chacun). Appuyez sur le mélange pour le comprimer et assurez-vous que chaque kofta est bien serré et garde sa forme. Disposer sur une assiette et réfrigérer jusqu'à ce que vous soyez prêt à les cuire, jusqu'à 1 journée.
b) Préchauffer le four à 425°F / 220°C. Dans un bol moyen, fouetter ensemble la pâte de tahini, le jus de citron, l'eau, l'ail et ¼ de cuillère à café de sel. La sauce doit être un peu plus liquide que le miel ; ajoutez 1 à 2 cuillères à soupe d'eau si nécessaire.

c) Faites chauffer l'huile de tournesol dans une grande poêle à feu vif et saisissez le kofta. Faites-le par lots afin qu'ils ne soient pas à l'étroit. Faites-les saisir de tous les côtés jusqu'à ce qu'ils soient dorés, environ 6 minutes par lot. À ce stade, ils devraient être moyennement rares. Sortir du moule et disposer sur une plaque à pâtisserie. Si vous souhaitez les cuire à point ou bien cuits, mettez maintenant la plaque au four pendant 2 à 4 minutes.

d) Versez la sauce tahini autour de la kofta pour qu'elle recouvre le fond de la poêle. Si vous le souhaitez, versez-en également un peu sur la kofta, mais laissez une partie de la viande exposée. Mettre au four une minute ou deux, histoire de réchauffer un peu la sauce.

e) Pendant ce temps, si vous utilisez le beurre, faites-le fondre dans une petite casserole et laissez-le dorer un peu en prenant soin qu'il ne brûle pas. Versez le beurre sur les kofta dès la sortie du four. Parsemer de pignons de pin et de persil puis saupoudrer de paprika. Servir aussitôt.

38.Sabih

INGRÉDIENTS:
- 2 grosses aubergines (environ 1⅔ lb / 750 g au total)
- environ 1¼ tasse / 300 ml d'huile de tournesol
- 4 tranches de pain blanc de bonne qualité, grillées ou mini pitas frais et moelleux
- 1 tasse / 240 ml de sauce tahini
- 4 gros œufs fermiers, durs, pelés et coupés en tranches de ⅜ po/1 cm d'épaisseur ou en quartiers
- environ 4 cuillères à soupe de Zhoug
- amba ou cornichon à la mangue salé (facultatif)
- sel et poivre noir fraîchement moulu

SALADE HACHÉE
- 2 tomates mûres moyennes, coupées en dés de ⅜ po/1 cm (environ 1 tasse/200 g au total)
- 2 mini concombres, coupés en dés de ⅜ po/1 cm (environ 1 tasse/120 g au total)
- 2 oignons verts, tranchés finement
- 1½ cuillère à soupe de persil plat haché
- 2 cuillères à café de jus de citron fraîchement pressé
- 1½ cuillère à soupe d'huile d'olive

INSTRUCTIONS:

a) Utilisez un éplucheur de légumes pour décoller les bandes de peau d'aubergine de haut en bas, en laissant les aubergines avec une alternance de bandes de peau noire et de chair blanche, semblables à celles d'un zèbre. Couper les deux aubergines dans le sens de la largeur en tranches de 1 pouce/2,5 cm d'épaisseur. Saupoudrez-les des deux côtés de sel, puis étalez-les sur une plaque à pâtisserie et laissez reposer au moins 30 minutes pour éliminer un peu d'eau. Utilisez des serviettes en papier pour les essuyer.

b) Faites chauffer l'huile de tournesol dans une grande poêle. Soigneusement - l'huile crache - faites frire les tranches d'aubergines par lots jusqu'à ce qu'elles soient bien foncées, en les retournant une fois, 6 à 8 minutes au total. Ajoutez de l'huile si nécessaire pendant la cuisson des lots. Une fois cuits, les morceaux d'aubergines doivent être complètement tendres au centre. Retirer de la poêle et égoutter sur du papier absorbant.

c) Préparez la salade hachée en mélangeant tous les ingrédients et en assaisonnant avec du sel et du poivre au goût.
d) Juste avant de servir, déposer 1 tranche de pain ou de pita dans chaque assiette. Versez 1 cuillère à soupe de sauce tahini sur chaque tranche, puis disposez les tranches d'aubergines dessus en les faisant se chevaucher. Arroser d'un peu de tahini mais sans recouvrir complètement les tranches d'aubergines. Assaisonner chaque tranche d'œuf avec du sel et du poivre et disposer sur l'aubergine. Versez un peu plus de tahini sur le dessus et versez autant de zhoug que vous le souhaitez ; attention, il fait chaud ! Versez également du cornichon à la mangue, si vous le souhaitez. Servir la salade de légumes à côté, en versant un peu sur chaque portion si vous le souhaitez.

39. Baies de blé, blettes et mélasse de grenade

INGRÉDIENTS :
- 1⅓ lb / 600 g de bette à carde ou de blette arc-en-ciel
- 2 cuillères à soupe d'huile d'olive
- 1 cuillère à soupe de beurre non salé
- 2 gros poireaux, parties blanches et vert pâle, tranchés finement (3 tasses / 350 g au total)
- 2 cuillères à soupe de cassonade légère
- environ 3 cuillères à soupe de mélasse de grenade
- 1¼ tasse / 200 g de grains de blé décortiqués ou non
- 2 tasses / 500 ml de bouillon de poulet
- sel et poivre noir fraîchement moulu
- Yaourt grec, pour servir

INSTRUCTIONS :

a) Séparez les tiges blanches des blettes des feuilles vertes à l'aide d'un petit couteau bien aiguisé. Coupez les tiges en tranches de ⅜ de pouce/1 cm et les feuilles en tranches de ¾ de pouce/2 cm.

b) Faites chauffer l'huile et le beurre dans une grande poêle à fond épais. Ajouter les poireaux et cuire 3 à 4 minutes en remuant. Ajoutez les tiges de blettes et laissez cuire 3 minutes, puis ajoutez les feuilles et laissez cuire encore 3 minutes. Ajoutez le sucre, 3 cuillères à soupe de mélasse de grenade et les grains de blé et mélangez bien. Ajoutez le bouillon, ¾ de cuillère à café de sel et un peu de poivre noir, laissez mijoter doucement et laissez cuire à feu doux, à couvert, pendant 60 à 70 minutes. Le blé doit être al dente à ce stade.

c) Retirez le couvercle et, si nécessaire, augmentez le feu et laissez le liquide restant s'évaporer. Le fond de la poêle doit être sec et présenter un peu de caramel brûlé dessus. Retirer du feu.

d) Avant de servir, goûtez et ajoutez plus de mélasse, salez et poivrez si nécessaire ; vous le voulez piquant et sucré, alors ne soyez pas timide avec votre mélasse. Servir chaud, avec une cuillerée de yaourt grec.

40.Balilah

INGRÉDIENTS :

- 1 tasse / 200 g de pois chiches secs
- 1 cuillère à café de bicarbonate de soude
- 1 tasse / 60 g de persil plat haché
- 2 oignons verts, tranchés finement
- 1 gros citron
- 3 cuillères à soupe d'huile d'olive
- 2½ cuillères à café de cumin moulu
- sel et poivre noir fraîchement moulu

INSTRUCTIONS :

a) La veille, mettez les pois chiches dans un grand bol et couvrez d'eau froide au moins deux fois leur volume. Ajoutez le bicarbonate de soude et laissez tremper à température ambiante toute la nuit.

b) Égouttez les pois chiches et placez-les dans une grande casserole. Couvrir abondamment d'eau froide et placer sur feu vif. Porter à ébullition, écumer la surface de l'eau, puis baisser le feu et laisser mijoter 1 à 1h30, jusqu'à ce que les pois chiches soient bien tendres mais conservent leur forme.

c) Pendant que les pois chiches cuisent, mettez le persil et les oignons verts dans un grand bol à mélanger. Épluchez le citron en le coupant et en le taillant, en le plaçant sur une planche et en passant un petit couteau bien aiguisé le long de ses courbes pour enlever la peau et la peau blanche. Jetez la peau, la moelle et les graines et hachez grossièrement la chair. Ajoutez la chair et tout le jus dans le bol.

d) Une fois les pois chiches prêts, égouttez-les et ajoutez-les dans le bol pendant qu'ils sont encore chauds. Ajoutez l'huile d'olive, le cumin, ¾ de cuillère à café de sel et une bonne mouture de poivre. Bien mélanger. Laisser refroidir jusqu'à ce qu'il soit juste chaud, goûter l'assaisonnement et servir.

41. Riz au safran, aux barberries et à la pistache

INGRÉDIENTS:
- 2½ cuillères à soupe / 40 g de beurre doux
- 2 tasses / 360 g de riz basmati rincé à l'eau froide et bien égoutté
- 2⅓ tasses / 560 ml d'eau bouillante
- 1 cuillère à café de fils de safran trempés dans 3 cuillères à soupe d'eau bouillante pendant 30 minutes
- ¼ tasse / 40 g d'épine-vinettes séchées, trempées quelques minutes dans de l'eau bouillante avec une pincée de sucre
- 1 oz / 30 g d'aneth, haché grossièrement
- ⅔ oz / 20 g de cerfeuil, haché grossièrement
- ⅓ oz / 10 g d'estragon, haché grossièrement
- ½ tasse / 60 g de pistaches non salées effilées ou concassées, légèrement grillées
- sel et poivre blanc fraîchement moulu

INSTRUCTIONS:
a) Faire fondre le beurre dans une casserole moyenne et incorporer le riz en veillant à ce que les grains soient bien enrobés de beurre. Ajoutez l'eau bouillante, 1 cuillère à café de sel et un peu de poivre blanc. Bien mélanger, couvrir avec un couvercle hermétique et laisser cuire à feu très doux pendant 15 minutes. Ne soyez pas tenté de découvrir la poêle ; vous devrez laisser le riz cuire à la vapeur correctement.

b) Retirez la casserole de riz du feu (toute l'eau aura été absorbée par le riz) et versez l'eau safranée sur un côté du riz, en couvrant environ un quart de la surface et en laissant la majorité blanche. Couvrir immédiatement la casserole avec un torchon et refermer hermétiquement avec le couvercle. Réserver 5 à 10 minutes.

c) Utilisez une grande cuillère pour retirer la partie blanche du riz dans un grand bol à mélanger et remuez-la avec une fourchette. Égoutter les barberries et les incorporer, suivis des herbes et de la plupart des pistaches, en en laissant quelques-unes pour la garniture. Bien mélanger.

d) Remuer le riz au safran avec une fourchette et l'incorporer délicatement au riz blanc. Ne mélangez pas trop : vous ne voulez pas que les grains blancs soient tachés par le jaune. Goûtez et rectifiez l'assaisonnement.

e) Transférez le riz dans un bol de service peu profond et répartissez le reste des pistaches dessus. Servez chaud ou à température ambiante.

42. Sofrito au poulet

INGRÉDIENTS:

- 1 cuillère à soupe d'huile de tournesol
- 1 petit poulet fermier d'environ 3¼ lb / 1,5 kg, en papillon ou en quartiers
- 1 cuillère à café de paprika doux
- ¼ cuillère à café de curcuma moulu
- ¼ cuillère à café de sucre
- 2½ cuillères à soupe de jus de citron fraîchement pressé
- 1 gros oignon, pelé et coupé en quartiers
- huile de tournesol, pour la friture
- 1⅔ lb / 750 g de pommes de terre Yukon Gold, pelées, lavées et coupées en dés de ¾ de pouce / 2 cm
- 25 gousses d'ail, non pelées
- sel et poivre noir fraîchement moulu

INSTRUCTIONS:

a) Versez l'huile dans une grande poêle peu profonde ou un faitout et mettez sur feu moyen. Placer le poulet à plat dans la poêle, côté peau vers le bas, et saisir pendant 4 à 5 minutes, jusqu'à ce qu'il soit doré.

b) Assaisonnez le tout avec le paprika, le curcuma, le sucre, ¼ de cuillère à café de sel, une bonne mouture de poivre noir et 1½ cuillère à soupe de jus de citron. Retournez le poulet avec la peau vers le haut, ajoutez l'oignon dans la poêle et couvrez avec un couvercle. Baisser le feu à doux et cuire pendant environ 1h30 au total; cela inclut le temps de cuisson du poulet avec les pommes de terre.

c) Soulevez le couvercle de temps en temps pour vérifier la quantité de liquide au fond de la casserole. L'idée est que le poulet cuise et cuit à la vapeur dans son jus, mais vous devrez peut-être ajouter un peu d'eau bouillante, juste pour qu'il y ait toujours ¼ de pouce / 5 mm de liquide au fond de la casserole.

d) Après que le poulet ait cuit pendant environ 30 minutes, versez l'huile de tournesol dans une casserole moyenne jusqu'à une profondeur de 1¼ pouces / 3 cm et placez sur feu moyen-vif. Faites frire les pommes de terre et l'ail ensemble en quelques lots pendant environ 6 minutes par lot, jusqu'à ce qu'ils prennent un peu de couleur et soient croustillants. Utilisez une écumoire pour retirer chaque lot de l'huile et sur du papier absorbant, puis saupoudrez de sel.

e) Après 1 heure de cuisson du poulet, retirez-le de la poêle et ajoutez-y les pommes de terre sautées et l'ail en les mélangeant avec le jus de cuisson. Remettez le poulet dans la poêle en le plaçant sur les pommes de terre pour le reste du temps de cuisson, soit 30 minutes. Le poulet doit se détacher des os et les pommes de terre doivent être trempées dans le liquide de cuisson et complètement molles. Arroser du jus de citron restant au moment de servir.

43. Riz sauvage aux pois chiches et groseilles

INGRÉDIENTS:
- ⅓ tasse / 50 g de riz sauvage
- 2½ cuillères à soupe d'huile d'olive
- arrondi 1 tasse / 220 g de riz basmati
- 1½ tasses / 330 ml d'eau bouillante
- 2 cuillères à café de graines de cumin
- 1½ cuillère à café de curry en poudre
- 1½ tasse / 240 g de pois chiches cuits et égouttés (en conserve, c'est très bien)
- ¾ tasse / 180 ml d'huile de tournesol
- 1 oignon moyen, tranché finement
- 1½ cuillère à café de farine tout usage
- ⅔ tasse / 100 g de groseilles
- 2 cuillères à soupe de persil plat haché
- 1 cuillère à soupe de coriandre hachée
- 1 cuillère à soupe d'aneth haché
- sel et poivre noir fraîchement moulu

INSTRUCTIONS:

a) Commencez par mettre le riz sauvage dans une petite casserole, couvrez abondamment d'eau, portez à ébullition et laissez mijoter environ 40 minutes, jusqu'à ce que le riz soit cuit mais encore bien ferme. Égoutter et réserver.

b) Pour cuire le riz basmati, versez 1 cuillère à soupe d'huile d'olive dans une casserole moyenne avec un couvercle hermétique et placez sur feu vif. Ajoutez le riz et ¼ de cuillère à café de sel et remuez pendant que vous réchauffez le riz. Ajoutez délicatement l'eau bouillante, baissez le feu à très doux, couvrez la casserole avec le couvercle et laissez cuire 15 minutes.

c) Retirez la casserole du feu, couvrez d'un torchon propre puis du couvercle et laissez hors du feu pendant 10 minutes.

d) Pendant que le riz cuit, préparez les pois chiches. Faites chauffer 1½ cuillère à soupe d'huile d'olive restante dans une petite casserole à feu vif. Ajoutez les graines de cumin et la poudre de curry, attendez quelques secondes, puis ajoutez les pois chiches et ¼ de cuillère à café de sel ; assurez-vous de le faire rapidement, sinon les épices pourraient brûler dans l'huile. Remuer sur le feu pendant une minute ou deux, juste pour réchauffer les pois chiches, puis transférer dans un grand bol à mélanger.

e) Essuyez la casserole, versez l'huile de tournesol et placez sur feu vif. Assurez-vous que l'huile est chaude en y jetant un petit morceau d'oignon ; il doit grésiller vigoureusement. Utilisez vos mains pour mélanger l'oignon avec la farine afin de l'enrober légèrement. Prenez un peu d'oignon et placez-le délicatement (il pourrait cracher !) dans l'huile. Faire frire pendant 2 à 3 minutes, jusqu'à ce qu'ils soient dorés, puis transférer sur du papier absorbant pour égoutter et saupoudrer de sel. Répétez par lots jusqu'à ce que tout l'oignon soit frit.

f) Enfin, ajoutez les deux types de riz aux pois chiches, puis ajoutez les groseilles, les herbes et l'oignon frit. Remuer, goûter et ajouter du sel et du poivre à votre guise. Servez chaud ou à température ambiante.

44. Aubergine brûlée avec Graines de grenade

INGRÉDIENTS:
- 4 grosses aubergines (3¼ lb / 1,5 kg avant la cuisson; 2½ tasses / 550 g après avoir brûlé et égoutté la chair)
- 2 gousses d'ail, écrasées
- le zeste râpé d'1 citron et 2 cuillères à soupe de jus de citron fraîchement pressé
- 5 cuillères à soupe d'huile d'olive
- 2 cuillères à soupe de persil plat haché
- 2 cuillères à soupe de menthe hachée
- graines de ½ grosse grenade (½ tasse / 80 g au total)
- sel et poivre noir fraîchement moulu

INSTRUCTIONS:

a) Si vous possédez une cuisinière à gaz, recouvrez la base de papier d'aluminium pour la protéger, en laissant uniquement les brûleurs exposés.

b) Placez les aubergines directement sur quatre brûleurs à gaz séparés à flamme moyenne et faites rôtir pendant 15 à 18 minutes, jusqu'à ce que la peau soit brûlée et feuilletée et que la chair soit tendre. Utilisez des pinces métalliques pour les retourner de temps en temps.

c) Vous pouvez également entailler les aubergines avec un couteau à quelques endroits, sur environ 2 cm de profondeur, et les placer sur une plaque à pâtisserie sous le gril chaud pendant environ une heure. Retournez-les toutes les 20 minutes environ et continuez la cuisson même s'ils éclatent et se cassent.

d) Retirez les aubergines du feu et laissez-les refroidir légèrement. Une fois suffisamment refroidie pour être manipulée, découpez une ouverture le long de chaque aubergine et retirez la chair molle, en la divisant avec vos mains en longues lanières fines. Jetez la peau. Égoutter la chair dans une passoire pendant au moins une heure, de préférence plus longtemps, pour éliminer le plus d'eau possible.

e) Placez la pulpe d'aubergine dans un bol moyen et ajoutez l'ail, le zeste et le jus de citron, l'huile d'olive, ½ cuillère à café de sel et une bonne mouture de poivre noir. Remuer et laisser mariner les aubergines à température ambiante pendant au moins une heure.

f) Lorsque vous êtes prêt à servir, mélangez la plupart des herbes et goûtez pour l'assaisonnement. Empilez-les sur une assiette de service, parsemez-les de graines de grenade et décorez avec le reste des herbes.

45. Risotto d'orge et feta marinée

INGRÉDIENTS :

- 1 tasse / 200 g d'orge perlé
- 2 cuillères à soupe / 30 g de beurre doux
- 6 cuillères à soupe / 90 ml d'huile d'olive
- 2 petites branches de céleri, coupées en dés de ¼ de pouce/0,5 cm
- 2 petites échalotes, coupées en dés de ¼ de pouce/0,5 cm
- 4 gousses d'ail, coupées en dés de 1/16 po/2 mm
- 4 brins de thym
- ½ cuillère à café de paprika fumé
- 1 feuille de laurier
- 4 lanières de zeste de citron
- ¼ cuillère à café de flocons de chili
- une boîte de 14 oz / 400 g de tomates hachées
- 3 tasses / 700 ml de bouillon de légumes
- 1¼ tasse / 300 ml de passata (tomates concassées tamisées)
- 1 cuillère à soupe de graines de carvi
- 10½ oz / 300 g de fromage feta, cassé en morceaux d'environ ¾ de pouce / 2 cm
- 1 cuillère à soupe de feuilles d'origan fraîches
- sel

INSTRUCTIONS:
a) Bien rincer l'orge perlé sous l'eau froide et laisser égoutter.
b) Faites fondre le beurre et 2 cuillères à soupe d'huile d'olive dans une très grande poêle et faites revenir le céleri, les échalotes et l'ail à feu doux pendant 5 minutes, jusqu'à ce qu'ils soient tendres. Ajouter l'orge, le thym, le paprika, la feuille de laurier, le zeste de citron, les flocons de chili, les tomates, le bouillon, la passata et le sel. Remuer pour combiner.
c) Portez le mélange à ébullition, puis laissez mijoter très doucement et laissez cuire 45 minutes en remuant fréquemment pour éviter que le risotto n'accroche au fond de la casserole. Une fois prête, l'orge doit être tendre et la majeure partie du liquide absorbée.
d) Pendant ce temps, faites griller les graines de cumin dans une poêle sèche pendant quelques minutes. Puis écrasez-les légèrement pour qu'il reste quelques graines entières. Ajoutez-les à la feta avec les 4 cuillères à soupe / 60 ml d'huile d'olive restantes et mélangez délicatement.
e) Une fois le risotto prêt, vérifiez l'assaisonnement puis répartissez-le dans quatre bols peu profonds. Garnir chacun de feta marinée, y compris l'huile, et d'une pincée de feuilles d'origan.

46.Conchiglie au yaourt, petits pois et chili

INGRÉDIENTS :

- 2½ tasses / 500 g de yaourt grec
- ⅔ tasse / 150 ml d'huile d'olive
- 4 gousses d'ail, écrasées
- 1 lb / 500 g de petits pois frais ou décongelés
- 1 lb / 500 g de pâtes conchiglie
- ½ tasse / 60 g de pignons de pin
- 2 cuillères à café de flocons de piment turc ou syrien (ou moins, selon leur degré de piquant)
- 1⅔ tasse / 40 g de feuilles de basilic, grossièrement déchirées
- 8 oz / 240 g de fromage feta, cassé en morceaux
- sel et poivre blanc fraîchement moulu

INSTRUCTIONS :

a) Mettez le yaourt, 6 cuillères à soupe / 90 ml d'huile d'olive, l'ail et ⅔ tasse / 100 g de petits pois dans un robot culinaire. Mélangez jusqu'à obtenir une sauce vert pâle uniforme et transférez dans un grand bol à mélanger.

b) Cuire les pâtes dans beaucoup d'eau bouillante salée jusqu'à ce qu'elles soient al dente. Pendant la cuisson des pâtes, faites chauffer le reste de l'huile d'olive dans une petite poêle à feu moyen. Ajoutez les pignons de pin et les flocons de piment et faites frire pendant 4 minutes, jusqu'à ce que les noix soient dorées et que l'huile soit rouge foncé. Faites également chauffer les petits pois restants dans de l'eau bouillante, puis égouttez-les.

c) Égouttez les pâtes cuites dans une passoire, secouez bien pour éliminer l'eau et ajoutez progressivement les pâtes à la sauce au yaourt ; l'ajouter d'un coup peut faire fendre le yaourt. Ajoutez les petits pois chauds, le basilic, la feta, 1 cuillère à café de sel et ½ cuillère à café de poivre blanc. Mélanger délicatement, transférer dans des bols individuels et verser sur les pignons de pin et leur huile.

47.Poulet rôti aux clémentines

INGRÉDIENTS:
- 6½ cuillères à soupe / 100 ml d'arak, d'ouzo ou de Pernod
- 4 cuillères à soupe d'huile d'olive
- 3 cuillères à soupe de jus d'orange fraîchement pressé
- 3 cuillères à soupe de jus de citron fraîchement pressé
- 2 cuillères à soupe de moutarde en grains
- 3 cuillères à soupe de cassonade légère
- 2 bulbes de fenouil moyens (1 lb / 500 g au total)
- 1 gros poulet biologique ou fermier d'environ 2¾ lb / 1,3 kg, divisé en 8 morceaux, ou le même poids en cuisses de poulet avec peau et os
- 4 clémentines non pelées (14 oz / 400 g au total), coupées horizontalement en tranches de ¼ de pouce / 0,5 cm
- 1 cuillère à soupe de feuilles de thym
- 2½ cuillères à café de graines de fenouil, légèrement écrasées
- sel et poivre noir fraîchement moulu
- persil plat haché, pour garnir

INSTRUCTIONS:

a) Mettez les six premiers ingrédients dans un grand bol à mélanger et ajoutez 2½ cuillères à café de sel et 1½ cuillère à café de poivre noir. Bien fouetter et réserver.

b) Parez le fenouil et coupez chaque bulbe en deux dans le sens de la longueur. Coupez chaque moitié en 4 quartiers. Ajoutez le fenouil aux liquides, ainsi que les morceaux de poulet, les tranches de clémentine, le thym et les graines de fenouil. Remuez bien avec vos mains, puis laissez mariner au réfrigérateur quelques heures ou toute la nuit (sauter l'étape de marinade est également une bonne solution si vous êtes pressé par le temps).

c) Préchauffer le four à 475°F / 220°C. Transférer le poulet et sa marinade sur une plaque à pâtisserie suffisamment grande pour accueillir le tout confortablement en une seule couche (un moule d'environ 12 x 14½ pouces / 30 x 37 cm) ; la peau du poulet doit être tournée vers le haut. Une fois que le four est suffisamment chaud, mettez la poêle au four et faites rôtir pendant 35 à 45 minutes, jusqu'à ce que le poulet soit décoloré et bien cuit. Retirer du four.

d) Retirez le poulet, le fenouil et les clémentines de la poêle et disposez-les sur une assiette de service. couvrir et garder au chaud.

e) Versez le liquide de cuisson dans une petite casserole, placez sur feu moyen-vif, portez à ébullition, puis laissez mijoter jusqu'à ce que la sauce soit réduite d'un tiers, il vous reste donc environ ⅓ tasse / 80 ml.

f) Versez la sauce piquante sur le poulet, décorez de persil et servez.

48.Méjadra

INGRÉDIENTS:

- 1¼ tasse / 250 g de lentilles vertes ou brunes
- 4 oignons moyens (1½ lb / 700 g avant de les peler)
- 3 cuillères à soupe de farine tout usage
- environ 1 tasse / 250 ml d'huile de tournesol
- 2 cuillères à café de graines de cumin
- 1½ cuillère à soupe de graines de coriandre
- 1 tasse / 200 g de riz basmati
- 2 cuillères à soupe d'huile d'olive
- ½ cuillère à café de curcuma moulu
- 1½ cuillère à café de piment de la Jamaïque moulu
- 1½ cuillère à café de cannelle moulue
- 1 cuillère à café de sucre
- 1½ tasse / 350 ml d'eau
- sel et poivre noir fraîchement moulu

INSTRUCTIONS:

a) Placer les lentilles dans une petite casserole, couvrir abondamment d'eau, porter à ébullition et cuire 12 à 15 minutes, jusqu'à ce que les lentilles aient ramolli mais soient encore un peu croquantes. Égoutter et réserver.

b) Épluchez les oignons et émincez-les finement. Placer sur une grande assiette plate, saupoudrer de farine et 1 cuillère à café de sel et bien mélanger avec les mains. Faites chauffer l'huile de tournesol dans une casserole moyenne à fond épais placée sur feu vif. Assurez-vous que l'huile est chaude en y jetant un petit morceau d'oignon ; il doit grésiller vigoureusement. Réduisez le feu à moyen-vif et ajoutez délicatement (il pourrait cracher !) un tiers de l'oignon émincé. Faites frire pendant 5 à 7 minutes, en remuant de temps en temps avec une écumoire, jusqu'à ce que l'oignon prenne une belle couleur dorée et devienne croustillante (ajustez la température pour que l'oignon ne frie pas trop vite et ne brûle pas). Utilisez la cuillère pour transférer l'oignon dans une passoire recouverte de papier absorbant et saupoudrez d'un peu plus de sel. Faites de même avec les deux autres lots d'oignons ; ajoutez un peu d'huile supplémentaire si nécessaire.

c) Essuyez la casserole dans laquelle vous avez fait revenir l'oignon et mettez-y les graines de cumin et de coriandre. Placer sur feu moyen et faire griller les graines pendant une minute ou deux. Ajoutez le riz, l'huile d'olive, le curcuma, le piment de la Jamaïque, la cannelle, le sucre, ½ cuillère à café de sel et beaucoup de poivre noir. Remuer pour enrober le riz d'huile puis ajouter les lentilles cuites et l'eau. Portez à ébullition, couvrez et laissez mijoter à feu très doux pendant 15 minutes.

d) Retirez du feu, retirez le couvercle et couvrez rapidement la casserole avec un torchon propre. Fermez hermétiquement avec le couvercle et laissez reposer 10 minutes.

e) Enfin, ajoutez la moitié de l'oignon frit au riz et aux lentilles et remuez délicatement à la fourchette. Empilez le mélange dans un bol de service peu profond et garnissez du reste de l'oignon.

49.Couscous à la tomate et à l'oignon

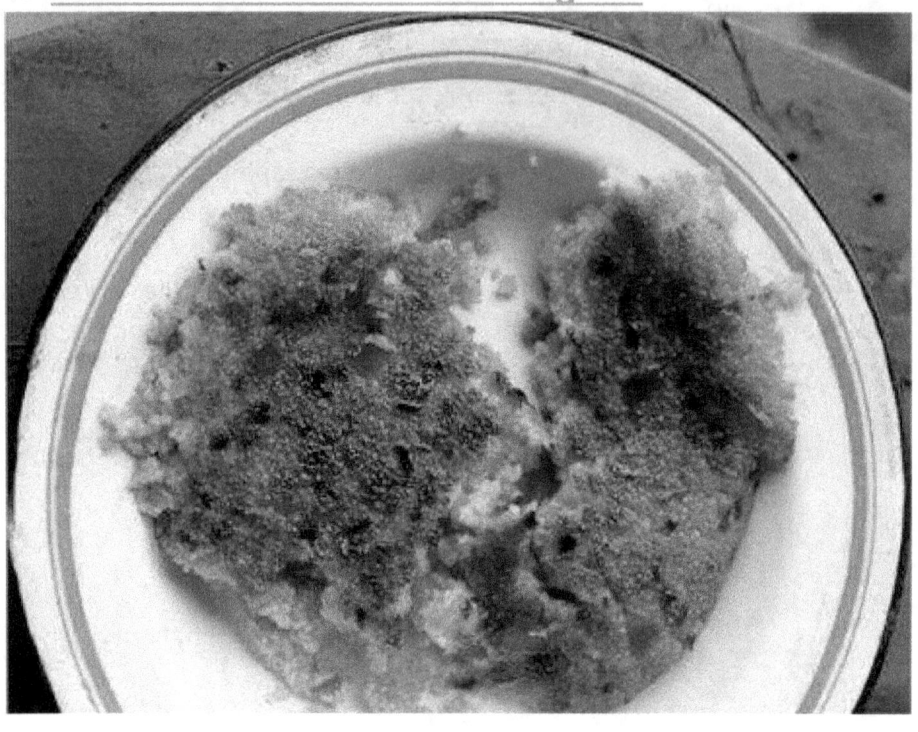

INGRÉDIENTS :

- 3 cuillères à soupe d'huile d'olive
- 1 oignon moyen, finement haché (1 tasse / 160 g au total)
- 1 cuillère à soupe de concentré de tomate
- ½ cuillère à café de sucre
- 2 tomates bien mûres, coupées en dés de ¼ de pouce / 0,5 cm (1¾ tasse / 320 g au total)
- 1 tasse / 150 g de couscous
- 1 tasse / 220 ml de bouillon de poulet ou de légumes bouillant
- 2½ cuillères à soupe / 40 g de beurre doux
- sel et poivre noir fraîchement moulu

INSTRUCTIONS :

a) Versez 2 cuillères à soupe d'huile d'olive dans une poêle antiadhésive d'environ 8½ pouces / 22 cm de diamètre et placez sur feu moyen. Ajouter l'oignon et cuire 5 minutes, en remuant souvent, jusqu'à ce qu'il soit ramolli mais pas coloré. Incorporer le concentré de tomate et le sucre et cuire 1 minute.

b) Ajoutez les tomates, ½ cuillère à café de sel et un peu de poivre noir et laissez cuire 3 minutes.

c) Pendant ce temps, mettez le couscous dans un bol peu profond, versez dessus le bouillon bouillant et couvrez d'une pellicule plastique. Laissez reposer 10 minutes, puis retirez le couvercle et mélangez le couscous avec une fourchette. Ajoutez la sauce tomate et remuez bien.

d) Essuyez la poêle et faites chauffer le beurre et la cuillère à soupe d'huile d'olive restante à feu moyen. Lorsque le beurre a fondu, versez le couscous dans la poêle et utilisez le dos de la cuillère pour le tapoter doucement afin qu'il soit bien emballé.

e) Couvrez la casserole, réduisez le feu au minimum et laissez le couscous cuire à la vapeur pendant 10 à 12 minutes, jusqu'à ce que vous puissiez voir une couleur brun clair sur les bords. Utilisez une spatule coudée ou un couteau pour vous aider à regarder entre le bord du couscous et le côté de la poêle : vous voulez un bord vraiment croustillant sur tout le fond et les côtés.

f) Retournez une grande assiette au-dessus de la poêle et retournez rapidement la poêle et l'assiette ensemble, en libérant le couscous sur l'assiette. Servez chaud ou à température ambiante.

50. Bar poêlé à l'harissa et à la rose

INGRÉDIENTS:
- 3 cuillères à soupe de pâte d'harissa (du commerce ou voir recette)
- 1 cuillère à café de cumin moulu
- 4 filets de bar, environ 1 lb / 450 g au total, décortiqués et débarrassés des arêtes
- farine tout usage, pour saupoudrer
- 2 cuillères à soupe d'huile d'olive
- 2 oignons moyens, finement hachés
- 6½ cuillères à soupe / 100 ml de vinaigre de vin rouge
- 1 cuillère à café de cannelle moulue
- 1 tasse / 200 ml d'eau
- 1½ cuillère à soupe de miel
- 1 cuillère à soupe d'eau de rose
- ½ tasse / 60 g de groseilles (facultatif)
- 2 cuillères à soupe de coriandre hachée grossièrement (facultatif)
- 2 cuillères à café de petits pétales de roses comestibles séchés
- sel et poivre noir fraîchement moulu

INSTRUCTIONS:

a) Faites d'abord mariner le poisson. Mélangez la moitié de la pâte d'harissa, le cumin moulu et ½ cuillère à café de sel dans un petit bol. Frottez la pâte sur tous les filets de poisson et laissez-les mariner 2 heures au réfrigérateur.

b) Saupoudrez les filets d'un peu de farine et secouez l'excédent. Faites chauffer l'huile d'olive dans une grande poêle à feu moyen-vif et faites revenir les filets 2 minutes de chaque côté. Vous devrez peut-être le faire en deux lots. Réservez le poisson, laissez l'huile dans la poêle et ajoutez les oignons. Remuer pendant la cuisson pendant environ 8 minutes, jusqu'à ce que les oignons soient dorés.

c) Ajoutez le reste de la harissa, le vinaigre, la cannelle, ½ cuillère à café de sel et beaucoup de poivre noir. Versez l'eau, baissez le feu et laissez mijoter doucement la sauce pendant 10 à 15 minutes, jusqu'à ce qu'elle soit bien épaisse.

d) Ajoutez le miel et l'eau de rose dans la poêle avec les groseilles, le cas échéant, et laissez mijoter doucement encore quelques minutes. Goûtez et rectifiez l'assaisonnement puis remettez les filets de poisson dans la poêle ; vous pouvez les chevaucher légèrement s'ils ne s'ajustent pas parfaitement.

e) Versez la sauce sur le poisson et laissez-le se réchauffer dans la sauce qui mijote pendant 3 minutes ; vous devrez peut-être ajouter quelques cuillères à soupe d'eau si la sauce est très épaisse.

f) Servir tiède ou à température ambiante, saupoudré de coriandre, le cas échéant, et de pétales de rose.

51. Crevettes, pétoncles et palourdes à la tomate et à la feta

INGRÉDIENTS:

- 1 tasse / 250 ml de vin blanc
- 2¼ lb / 1 kg de palourdes, lavées
- 3 gousses d'ail, tranchées finement
- 3 cuillères à soupe d'huile d'olive, et un peu pour finir
- 3½ tasses / 600 g de tomates italiennes italiennes pelées et hachées (fraîches ou en conserve)
- 1 cuillère à café de sucre ultrafin
- 2 cuillères à soupe d'origan haché
- 1 citron
- 7 oz / 200 g de crevettes tigrées, décortiquées et déveinées
- 7 oz / 200 g de gros pétoncles (si très gros, coupés en deux horizontalement)
- 4 oz / 120 g de fromage feta, cassé en morceaux de ¾ de pouce / 2 cm
- 3 oignons verts, tranchés finement
- sel et poivre noir fraîchement moulu

INSTRUCTIONS:

a) Placer le vin dans une casserole moyenne et faire bouillir jusqu'à réduction des trois quarts. Ajoutez les palourdes, couvrez immédiatement avec un couvercle et faites cuire à feu vif pendant environ 2 minutes, en secouant la poêle de temps en temps, jusqu'à ce que les palourdes s'ouvrent. Passer au tamis fin pour égoutter en captant les jus de cuisson dans un bol. Jetez les palourdes qui ne s'ouvrent pas, puis retirez le reste de leur coquille, en laissant quelques-unes avec leur coquille pour finir le plat, si vous le souhaitez.

b) Préchauffer le four à 475°F / 240°C.

c) Dans une grande poêle, cuire l'ail dans l'huile d'olive à feu moyen-vif pendant environ 1 minute, jusqu'à ce qu'il soit doré. Ajoutez délicatement les tomates, le liquide de palourdes, le sucre, l'origan et un peu de sel et de poivre. Rasez 3 lanières de zeste du citron, ajoutez-les et laissez mijoter doucement pendant 20 à 25 minutes, jusqu'à ce que la sauce épaississe. Goûtez et ajoutez du sel et du poivre au besoin. Jetez le zeste de citron.

d) Ajoutez les crevettes et les pétoncles, remuez doucement et laissez cuire une minute ou deux. Incorporez les palourdes décortiquées et transférez le tout dans un petit plat allant au four. Plongez les morceaux de feta dans la sauce et saupoudrez d'oignon vert.

e) Garnir de quelques palourdes dans leur coquille, si vous le souhaitez, et mettre au four pendant 3 à 5 minutes, jusqu'à ce que le dessus se colore un peu et que les crevettes et les pétoncles soient à peine cuits.

f) Sortez le plat du four, pressez dessus un peu de jus de citron et terminez par un filet d'huile d'olive.

52.Caille braisée aux abricots et tamarin

INGRÉDIENTS :

- 4 cailles extra-larges, environ 6½ oz / 190 g chacune, coupées en deux le long du sternum et du dos
- ¾ cuillère à café de flocons de chili
- ¾ cuillère à café de cumin moulu
- ½ cuillère à café de graines de fenouil, légèrement écrasées
- 1 cuillère à soupe d'huile d'olive
- 1¼ tasse / 300 ml d'eau
- 5 cuillères à soupe / 75 ml de vin blanc
- ⅔ tasse / 80 g d'abricots secs, tranchés épaissement
- 2½ cuillères à soupe / 25 g de groseilles
- 1½ cuillère à soupe de sucre ultrafin
- 1½ cuillère à soupe de pâte de tamarin
- 2 cuillères à soupe de jus de citron fraîchement pressé
- 1 cuillère à café de feuilles de thym cueillies
- sel et poivre noir fraîchement moulu
- 2 cuillères à soupe de mélange de coriandre et de persil plat hachés, pour garnir (facultatif)

INSTRUCTIONS:

a) Essuyez les cailles avec du papier absorbant et placez-les dans un bol à mélanger. Saupoudrer de flocons de chili, de cumin, de graines de fenouil, de ½ cuillère à café de sel et d'un peu de poivre noir. Massez bien avec vos mains, puis couvrez et laissez mariner au réfrigérateur au moins 2 heures ou toute la nuit.

b) Faites chauffer l'huile à feu moyen-vif dans une poêle juste assez grande pour accueillir confortablement les oiseaux et pour laquelle vous disposez d'un couvercle. Faites dorer les volailles sur toutes les faces pendant environ 5 minutes, pour obtenir une belle couleur dorée.

c) Retirez les cailles de la poêle et jetez la majeure partie de la graisse, en laissant environ 1½ cuillère à café. Ajoutez l'eau, le vin, les abricots, les groseilles, le sucre, le tamarin, le jus de citron, le thym, ½ cuillère à café de sel et un peu de poivre noir. Remettez les cailles dans la poêle. L'eau doit monter aux trois quarts sur les côtés des oiseaux ; sinon, ajoutez plus d'eau. Portez à ébullition, couvrez la casserole et laissez mijoter très doucement pendant 20 à 25 minutes en retournant les cailles une à deux fois, jusqu'à ce que les volailles soient à peine cuites.

d) Sortez les cailles de la poêle et placez-les sur un plat de service et réservez au chaud. Si le liquide n'est pas très épais, remettez-le sur feu moyen et laissez mijoter quelques minutes pour réduire à une bonne consistance de sauce. Verser la sauce sur les cailles et garnir de coriandre et de persil, le cas échéant.

53. Poulet poché au freekeh

INGRÉDIENTS:

- 1 petit poulet fermier, environ 3¼ lb / 1,5 kg
- 2 longs bâtons de cannelle
- 2 carottes moyennes, pelées et coupées en tranches de ¾ po / 2 cm d'épaisseur
- 2 feuilles de laurier
- 2 bouquets de persil plat (environ 2½ oz / 70 g au total)
- 2 gros oignons
- 2 cuillères à soupe d'huile d'olive
- 2 tasses / 300 g de freekeh concassé
- ½ cuillère à café de piment de la Jamaïque moulu
- ½ cuillère à café de coriandre moulue
- 2½ cuillères à soupe / 40 g de beurre doux
- ⅔ tasse / 60 g d'amandes tranchées
- sel et poivre noir fraîchement moulu

INSTRUCTIONS:

a) Placez le poulet dans une grande casserole avec la cannelle, les carottes, les feuilles de laurier, 1 bouquet de persil et 1 cuillère à café de sel. Coupez 1 oignon en quatre et ajoutez-le à la casserole. Ajouter de l'eau froide pour couvrir presque le poulet; porter à ébullition et laisser mijoter à couvert pendant 1 heure, en écumant de temps en temps l'huile et la mousse de la surface.

b) À mi-cuisson du poulet, coupez finement le deuxième oignon et placez-le dans une casserole moyenne avec l'huile d'olive. Faire frire à feu moyen-doux pendant 12 à 15 minutes, jusqu'à ce que l'oignon devienne doré et tendre. Ajoutez le freekeh, le piment de la Jamaïque, la coriandre, ½ cuillère à café de sel et un peu de poivre noir. Bien mélanger puis ajouter 2½ tasses / 600 ml de bouillon de poulet. Augmentez le feu à moyen-vif. Dès que le bouillon bout, couvrez la casserole et baissez le feu. Laisser mijoter doucement pendant 20 minutes, puis retirer du feu et laisser couvert encore 20 minutes.

c) Retirez les feuilles du bouquet de persil restant et hachez-les pas trop finement. Ajoutez la majeure partie du persil haché au freekeh cuit, en mélangeant avec une fourchette.

d) Sortez le poulet du bouillon et placez-le sur une planche à découper. Découpez soigneusement les poitrines et coupez-les finement en biais; retirer la viande des cuisses et des cuisses. Gardez le poulet et le freekeh au chaud.

e) Au moment de servir, mettez le beurre, les amandes et un peu de sel dans une petite poêle et faites revenir jusqu'à ce qu'ils soient dorés. Versez le freekeh sur des plats de service individuels ou sur une assiette. Garnir de viande de cuisse et de cuisse, puis disposer soigneusement les tranches de poitrine dessus. Terminez avec les amandes et le beurre et une pincée de persil.

54.Poulet aux oignons et riz à la cardamome

INGRÉDIENTS:

- 3 cuillères à soupe / 40 g de sucre
- 3 cuillères à soupe / 40 ml d'eau
- 2½ cuillères à soupe / 25 g d'épine-vinette (ou groseilles)
- 4 cuillères à soupe d'huile d'olive
- 2 oignons moyens, tranchés finement (2 tasses / 250 g au total)
- 2¼ lb / 1 kg de cuisses de poulet avec peau et os, ou 1 poulet entier, coupé en quartiers
- 10 gousses de cardamome
- ¼ cuillère à café de clous de girofle entiers arrondis
- 2 longs bâtons de cannelle cassés en deux
- 1⅔ tasse / 300 g de riz basmati
- 2¼ tasses / 550 ml d'eau bouillante
- 1½ cuillère à soupe / 5 g de feuilles de persil plat hachées
- ½ tasse / 5 g de feuilles d'aneth, hachées
- ¼ tasse / 5 g de feuilles de coriandre hachées
- ⅓ tasse / 100 g de yaourt grec, mélangé avec 2 cuillères à soupe d'huile d'olive (facultatif)
- sel et poivre noir fraîchement moulu

INSTRUCTIONS:

a) Mettez le sucre et l'eau dans une petite casserole et faites chauffer jusqu'à ce que le sucre se dissolve. Retirer du feu, ajouter les épine-vinettes et laisser tremper. Si vous utilisez des groseilles, vous n'avez pas besoin de les faire tremper de cette façon.

b) Pendant ce temps, faites chauffer la moitié de l'huile d'olive dans une grande sauteuse munie d'un couvercle à feu moyen, ajoutez l'oignon et faites cuire 10 à 15 minutes, en remuant de temps en temps, jusqu'à ce que l'oignon soit bien doré. Transférez l'oignon dans un petit bol et essuyez la poêle.

c) Placez le poulet dans un grand bol à mélanger et assaisonnez avec 1½ cuillère à café de sel et de poivre noir. Ajoutez le reste de l'huile d'olive, la cardamome, les clous de girofle et la cannelle et utilisez vos mains pour bien mélanger le tout. Faites chauffer à nouveau la poêle et placez-y le poulet et les épices.

d) Saisir 5 minutes de chaque côté et retirer de la poêle (c'est important car cela cuit partiellement le poulet). Les épices peuvent rester dans la poêle, mais ne vous inquiétez pas si elles collent au poulet.

e) Retirez également la majeure partie de l'huile restante, en ne laissant qu'une fine pellicule au fond. Ajoutez le riz, l'oignon caramélisé, 1 cuillère à café de sel et beaucoup de poivre noir. Égouttez les barberries et ajoutez-les également. Remuez bien et remettez le poulet poêlé dans la poêle en le poussant dans le riz.
f) Versez l'eau bouillante sur le riz et le poulet, couvrez la casserole et laissez cuire à feu très doux pendant 30 minutes. Retirez la casserole du feu, retirez le couvercle, placez rapidement un torchon propre sur la casserole et refermez avec le couvercle. Laissez le plat tranquille pendant encore 10 minutes. Enfin, ajoutez les herbes et utilisez une fourchette pour les incorporer et gonfler le riz. Goûtez et ajoutez plus de sel et de poivre si nécessaire. Servir chaud ou tiède avec du yaourt si vous le souhaitez.

55. Boulettes de bœuf aux fèves et au citron

INGRÉDIENTS:
- 4½ cuillères à soupe d'huile d'olive
- 2⅓ tasses / 350 g de fèves, fraîches ou surgelées
- 4 brins de thym entiers
- 6 gousses d'ail, tranchées
- 8 oignons verts, coupés en biais en segments de ¾ de pouce/2 cm
- 2½ cuillères à soupe de jus de citron fraîchement pressé
- 2 tasses / 500 ml de bouillon de poulet
- sel et poivre noir fraîchement moulu
- 1½ cuillère à café de persil plat, de menthe, d'aneth et de coriandre hachés, pour finir

BOULETTES DE VIANDE
- 10 oz / 300 g de bœuf haché
- 5 oz / 150 g d'agneau haché
- 1 oignon moyen, finement haché
- 1 tasse / 120 g de chapelure
- 2 cuillères à soupe de persil plat, de menthe, d'aneth et de coriandre hachés chacun
- 2 grosses gousses d'ail, écrasées
- 4 cuillères à café de mélange d'épices baharat (du commerce ou voir recette)
- 4 cuillères à café de cumin moulu
- 2 cuillères à café de câpres hachées
- 1 œuf battu

INSTRUCTIONS:
a) Placez tous les ingrédients des boulettes de viande dans un grand bol à mélanger. Ajoutez ¾ de cuillère à café de sel et beaucoup de poivre noir et mélangez bien avec vos mains. Former des boules de la même taille que des balles de ping-pong. Faites chauffer 1 cuillère à soupe d'huile d'olive à feu moyen dans une très grande poêle munie d'un couvercle. Saisir la moitié des boulettes de viande en les retournant jusqu'à ce qu'elles soient entièrement dorées, environ 5 minutes. Retirez, ajoutez encore 1½ cuillère à café d'huile d'olive dans la poêle et faites cuire l'autre lot de boulettes de viande. Retirer de la poêle et essuyer.

b) Pendant que les boulettes de viande cuisent, jetez les fèves dans une casserole avec beaucoup d'eau bouillante salée et blanchissez-les pendant 2 minutes. Égoutter et rafraîchir sous l'eau froide. Retirez la peau de la moitié des fèves et jetez les peaux.

c) Faites chauffer les 3 cuillères à soupe d'huile d'olive restantes à feu moyen dans la même poêle dans laquelle vous avez saisi les boulettes de viande. Ajoutez le thym, l'ail et l'oignon vert et faites revenir pendant 3 minutes. Ajoutez les fèves non pelées , 1½ cuillère à soupe de jus de citron, ⅓ tasse / 80 ml de bouillon, ¼ cuillère à café de sel et beaucoup de poivre noir. Les haricots doivent être presque recouverts de liquide. Couvrez la poêle et faites cuire à feu doux pendant 10 minutes.

d) Remettez les boulettes de viande dans la poêle contenant les fèves. Ajoutez le reste du bouillon, couvrez la poêle et laissez mijoter doucement pendant 25 minutes. Goûtez la sauce et rectifiez l'assaisonnement. S'il est très liquide, retirez le couvercle et faites réduire un peu. Une fois que les boulettes de viande auront fini de cuire, elles absorberont une grande partie du jus, alors assurez-vous qu'il y a encore suffisamment de sauce à ce stade. Vous pouvez laisser les boulettes de viande maintenant, hors du feu, jusqu'au moment de servir.

e) Juste avant de servir, réchauffez les boulettes de viande et ajoutez un peu d'eau, si besoin, pour obtenir suffisamment de sauce. Ajoutez le reste des herbes, la cuillère à soupe de jus de citron restante et les fèves pelées et remuez très doucement. Sers immédiatement.

56. Boulettes de viande d'agneau aux épine-vinettes, yaourt et herbes

INGRÉDIENTS:
- 1⅔ lb / 750 g d'agneau haché
- 2 oignons moyens, finement hachés
- ⅔ oz / 20 g de persil plat, finement haché
- 3 gousses d'ail écrasées
- ¾ cuillère à café de piment de la Jamaïque moulu
- ¾ cuillère à café de cannelle moulue
- 6 cuillères à soupe / 60 g d'épine-vinette
- 1 gros œuf fermier
- 6½ cuillères à soupe / 100 ml d'huile de tournesol
- 1½ lb / 700 g de banane ou autres grosses échalotes, pelées
- ¾ tasse plus 2 cuillères à soupe / 200 ml de vin blanc
- 2 tasses / 500 ml de bouillon de poulet
- 2 feuilles de laurier
- 2 brins de thym
- 2 cuillères à café de sucre
- 5 oz / 150 g de figues séchées
- 1 tasse / 200 g de yaourt grec
- 3 cuillères à soupe de mélange de menthe, coriandre, aneth et estragon, grossièrement déchirés
- sel et poivre noir fraîchement moulu

INSTRUCTIONS:

a) Placez l'agneau, les oignons, le persil, l'ail, le piment de la Jamaïque, la cannelle, les barberries, l'œuf, 1 cuillère à café de sel et ½ cuillère à café de poivre noir dans un grand bol. Mélangez avec vos mains, puis roulez en boules de la taille d'une balle de golf.

b) Faites chauffer un tiers de l'huile à feu moyen dans une grande casserole à fond épais munie d'un couvercle hermétique. Mettez quelques boulettes de viande, faites cuire et retournez-les quelques minutes jusqu'à ce qu'elles soient entièrement colorées. Retirer de la casserole et réserver. Faites cuire les boulettes de viande restantes de la même manière.

c) Essuyez la casserole et ajoutez le reste de l'huile. Ajoutez les échalotes et faites-les cuire à feu moyen pendant 10 minutes, en remuant fréquemment, jusqu'à ce qu'elles soient dorées. Ajoutez le vin, laissez bouillonner une minute ou deux, puis ajoutez le bouillon de volaille, les feuilles de laurier, le thym, le sucre, ainsi qu'un peu de sel et de poivre. Disposer les figues et les boulettes de viande parmi et sur les échalotes ; les boulettes de viande doivent être presque recouvertes de liquide. Portez à ébullition, couvrez, baissez le feu à très doux et laissez mijoter 30 minutes. Retirez le couvercle et laissez mijoter encore environ une heure, jusqu'à ce que la sauce ait réduit et intensifié sa saveur. Goûtez et ajoutez du sel et du poivre si nécessaire.

d) Transférer dans un grand plat de service profond. Fouettez le yaourt, versez dessus et parsemez d'herbes.

57. Polpettone

INGRÉDIENTS:
- 3 gros œufs fermiers
- 1 cuillère à soupe de persil plat haché
- 2 cuillères à café d'huile d'olive
- 1 lb / 500 g de bœuf haché
- 1 tasse / 100 g de chapelure
- ½ tasse / 60 g de pistaches non salées
- ½ tasse / 80 g de cornichons (3 ou 4), coupés en morceaux de ⅜ de pouce / 1 cm
- 7 oz / 200 g de langue de bœuf cuite (ou de jambon), tranchée finement
- 1 grosse carotte, coupée en morceaux
- 2 branches de céleri, coupées en morceaux
- 1 branche de thym
- 2 feuilles de laurier
- ½ oignon, tranché
- 1 cuillère à café de fond de bouillon de poulet
- eau bouillante, pour cuisiner
- sel et poivre noir fraîchement moulu

SALSINA VERTE
- 2 oz / 50 g de brins de persil plat
- 1 gousse d'ail, écrasée
- 1 cuillère à soupe de câpres
- 1 cuillère à soupe de jus de citron fraîchement pressé
- 1 cuillère à soupe de vinaigre de vin blanc
- 1 gros œuf fermier, dur et pelé
- ⅔ tasse / 150 ml d'huile d'olive
- 3 cuillères à soupe de chapelure, fraîche de préférence
- sel et poivre noir fraîchement moulu

INSTRUCTIONS:

a) Commencez par réaliser une omelette plate. Fouettez ensemble 2 œufs, le persil haché et une pincée de sel. Faites chauffer l'huile d'olive dans une grande poêle (environ 11 pouces / 28 cm de diamètre) à feu moyen et versez les œufs. Cuire 2 à 3 minutes, sans remuer, jusqu'à ce que les œufs forment une fine omelette. Laisser refroidir.

b) Dans un grand bol, mélangez le bœuf, la chapelure, les pistaches, les cornichons, le reste de l'œuf, 1 cuillère à café de sel et ½ cuillère à café de poivre. Posez un grand torchon propre (vous voudrez peut-être en utiliser un vieux dont vous ne craignez pas de vous débarrasser ; le nettoyer constituera une légère menace) sur votre surface de travail. Maintenant, prenez le mélange de viande et étalez-le sur la serviette, en le façonnant avec vos mains en un disque rectangulaire de ⅜ pouce / 1 cm d'épaisseur et d'environ 12 x 10 pouces / 30 x 25 cm. Gardez les bords du tissu dégagés.

c) Couvrir la viande avec les tranches de langue, en laissant ¾ de pouce/2 cm sur le pourtour. Coupez l'omelette en 4 larges lanières et répartissez-les uniformément sur la langue.

d) Soulevez le tissu pour vous aider à commencer à rouler la viande vers l'intérieur depuis l'un de ses côtés larges. Continuez à rouler la viande en forme de grosse saucisse, en utilisant la serviette pour vous aider. En fin de compte, vous voulez un pain serré, semblable à une gelée, avec le bœuf haché à l'extérieur et l'omelette au centre. Couvrez le pain avec la serviette, en l'enveloppant bien pour qu'il soit scellé à l'intérieur. Attachez les extrémités avec de la ficelle et rentrez tout excédent de tissu sous la bûche afin d'obtenir un paquet étroitement lié.

e) Placez le paquet dans une grande casserole ou un faitout. Jetez la base de carotte, de céleri, de thym, de laurier, d'oignon et de bouillon autour du pain et versez sur de l'eau bouillante pour le recouvrir presque. Couvrir la casserole avec un couvercle et laisser mijoter 2 heures.

f) Retirez le pain de la poêle et mettez-le de côté pour permettre à une partie du liquide de s'écouler (le bouillon de pochage constituerait une excellente base de soupe). Après environ 30 minutes, placez quelque chose de lourd dessus pour éliminer davantage de jus. Une fois à température ambiante, mettez le pain de viande au réfrigérateur, encore recouvert d'un linge, pour bien le refroidir, 3 à 4 heures.

g) Pour la sauce, mettez tous les ingrédients dans un robot culinaire et mixez jusqu'à obtenir une consistance grossière (ou, pour un look rustique, hachez le persil, les câpres et l'œuf à la main et mélangez avec le reste des ingrédients). Goûtez et rectifiez l'assaisonnement.

h) Pour servir, retirez le pain du torchon, coupez-le en tranches de ⅜ pouce / 1 cm d'épaisseur et déposez-le sur une assiette de service. Servir la sauce à côté.

58.Shawarma d'agneau

INGRÉDIENTS:

- 2 cuillères à café de poivre noir
- 5 clous de girofle entiers
- ½ cuillère à café de gousses de cardamome
- ¼ cuillère à café de graines de fenugrec
- 1 cuillère à café de graines de fenouil
- 1 cuillère à soupe de graines de cumin
- 1 anis étoilé
- ½ bâton de cannelle
- ½ noix de muscade entière, râpée
- ¼ cuillère à café de gingembre moulu
- 1 cuillère à soupe de paprika doux
- 1 cuillère à soupe de sumac
- 2½ cuillères à café de sel marin de Maldon
- 1 oz / 25 g de gingembre frais, râpé
- 3 gousses d'ail écrasées
- ⅔ tasse / 40 g de coriandre hachée, tiges et feuilles
- ¼ tasse / 60 ml de jus de citron fraîchement pressé
- ½ tasse / 120 ml d'huile d'arachide
- 1 gigot d'agneau avec os, environ 5½ à 6½ lb / 2,5 à 3 kg
- 1 tasse / 240 ml d'eau bouillante

INSTRUCTIONS:

a) Mettez les 8 premiers ingrédients dans une poêle en fonte et faites rôtir à sec à feu moyen-vif pendant une minute ou deux, jusqu'à ce que les épices commencent à éclater et à libérer leurs arômes. Faites attention à ne pas les brûler. Ajoutez la muscade, le gingembre et le paprika, mélangez encore quelques secondes, juste pour les réchauffer, puis transférez dans un moulin à épices. Transformez les épices en une poudre uniforme. Transférer dans un bol moyen et incorporer tous les ingrédients restants, sauf l'agneau.

b) Utilisez un petit couteau bien aiguisé pour entailler le gigot d'agneau à quelques endroits, en faisant des fentes de ⅔ pouce / 1,5 cm de profondeur dans la graisse et la viande pour permettre à la marinade de s'infiltrer. Placer dans une grande rôtissoire et frotter la marinade partout. l'agneau; utilisez vos mains pour bien masser la viande. Couvrir la poêle de papier d'aluminium et laisser reposer au moins quelques heures ou, de préférence, réfrigérer toute la nuit.

c) Préchauffer le four à 325°F / 170°C.
d) Mettez l'agneau au four avec le côté gras vers le haut et faites rôtir pendant environ 4h30 au total, jusqu'à ce que la viande soit complètement tendre.
e) Après 30 minutes de rôtissage, ajoutez l'eau bouillante dans la poêle et utilisez ce liquide pour arroser la viande toutes les heures environ.
f) Ajoutez plus d'eau, si nécessaire, en vous assurant qu'il y a toujours environ ¼ de pouce/0,5 cm au fond de la casserole. Pendant les 3 dernières heures, couvrez l'agneau de papier d'aluminium pour éviter que les épices ne brûlent. Une fois cuit, sortez l'agneau du four et laissez reposer 10 minutes avant de le découper et de le servir.
g) Prenez six poches de pita individuelles et badigeonnez-les généreusement de l'intérieur avec une pâte à tartiner obtenue en mélangeant ⅔ tasse / 120 g de tomates en conserve hachées, 2 cuillères à café / 20 g de pâte de harissa, 4 cuillères à café / 20 g de pâte de tomate, 1 cuillère à soupe d'huile d'olive et un peu de sel. et poivre. Lorsque l'agneau est prêt, réchauffez les pitas dans une poêle à frire chaude jusqu'à ce qu'ils présentent de belles marques de charbon des deux côtés.
h) Tranchez l'agneau chaud et coupez les tranches en lanières de ⅔ po/1,5 cm. Empilez-les sur chaque pita chaud, versez-y un peu du liquide de rôtissage de la poêle, réduit et terminez avec de l'oignon haché, du persil haché et une pincée de sumac.

59. Darnes de saumon à la sauce Chraimeh

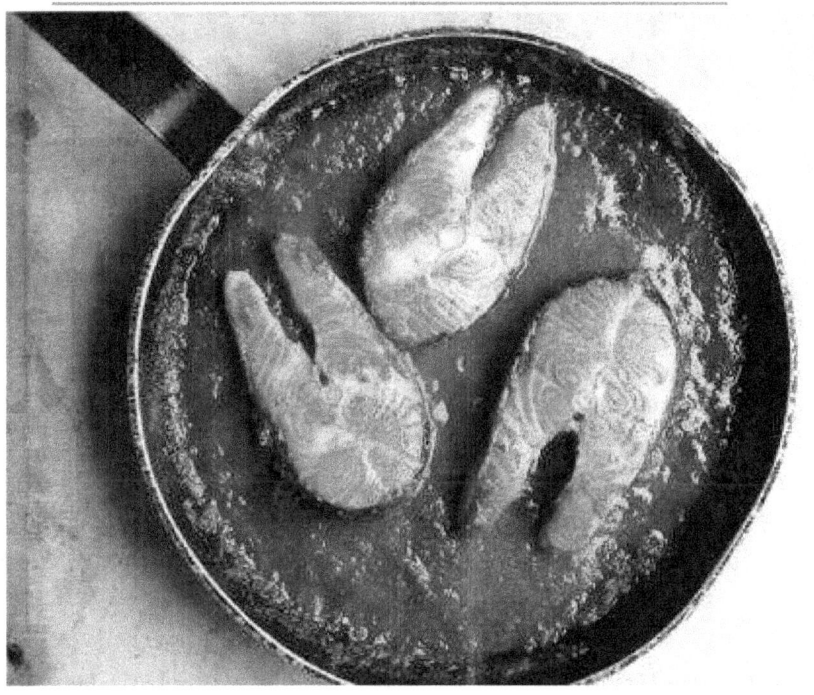

INGRÉDIENTS:

- ½ tasse / 110 ml d'huile de tournesol
- 3 cuillères à soupe de farine tout usage
- 4 darnes de saumon, environ 1 lb / 950 g
- 6 gousses d'ail, hachées grossièrement
- 2 cuillères à café de paprika doux
- 1 cuillère à soupe de graines de carvi, grillées à sec et fraîchement moulues
- 1½ cuillère à café de cumin moulu
- arrondi ¼ cuillère à café de poivre de Cayenne
- arrondi ¼ cuillère à café de cannelle moulue
- 1 piment vert, haché grossièrement
- ⅔ tasse / 150 ml d'eau
- 3 cuillères à soupe de concentré de tomate
- 2 cuillères à café de sucre ultrafin
- 1 citron coupé en 4 quartiers, plus 2 cuillères à soupe de jus de citron fraîchement pressé
- 2 cuillères à soupe de coriandre hachée grossièrement
- sel et poivre noir fraîchement moulu

INSTRUCTIONS:

a) Faites chauffer 2 cuillères à soupe d'huile de tournesol à feu vif dans une grande poêle munie d'un couvercle. Mettez la farine dans un bol peu profond, assaisonnez de sel et de poivre et jetez-y le poisson. Secouez l'excédent de farine et saisissez le poisson une minute ou deux de chaque côté, jusqu'à ce qu'il soit doré. Retirez le poisson et essuyez la poêle.

b) Placez l'ail, les épices, le piment et 2 cuillères à soupe d'huile de tournesol dans un robot culinaire et mixez pour former une pâte épaisse. Vous devrez peut-être ajouter un peu plus d'huile pour rassembler le tout.

c) Versez le reste de l'huile dans la poêle, faites bien chauffer et ajoutez la pâte d'épices. Remuez et faites frire pendant seulement 30 secondes pour que les épices ne brûlent pas. Rapidement mais délicatement (ça risque de cracher !) ajoutez l'eau et le concentré de tomate pour arrêter la cuisson des épices. Portez à ébullition et ajoutez le sucre, le jus de citron, ¾ de cuillère à café de sel et un peu de poivre. Goûtez pour l'assaisonnement.

d) Mettez le poisson dans la sauce, portez à douce ébullition, couvrez la poêle et laissez cuire 7 à 11 minutes, selon la taille du poisson, jusqu'à ce qu'il soit à peine cuit. Retirez la casserole du feu, retirez le couvercle et laissez refroidir. Servir le poisson juste tiède ou à température ambiante. Garnir chaque portion de coriandre et d'un quartier de citron.

60. Poisson mariné aigre - doux

INGRÉDIENTS:
- 3 cuillères à soupe d'huile d'olive
- 2 oignons moyens, coupés en tranches de ⅜ po/1 cm (3 tasses/350 g au total)
- 1 cuillère à soupe de graines de coriandre
- 2 poivrons (1 rouge et 1 jaune), coupés en deux dans le sens de la longueur, épépinés et coupés en lanières de ⅜ pouce / 1 cm de large (3 tasses / 300 g au total)
- 2 gousses d'ail, écrasées
- 3 feuilles de laurier
- 1½ cuillère à soupe de curry en poudre
- 3 tomates hachées (2 tasses / 320 g au total)
- 2½ cuillères à soupe de sucre
- 5 cuillères à soupe de vinaigre de cidre
- 1 lb / 500 g de filets de goberge, morue, flétan, aiglefin ou autre poisson blanc, divisés en 4 morceaux égaux
- farine tout usage assaisonnée, pour saupoudrer
- 2 œufs extra-gros, battus
- ⅓ tasse / 20 g de coriandre hachée

sel et poivre noir fraîchement moulu

INSTRUCTIONS:
a) Préchauffer le four à 375°F / 190°C.
b) Faites chauffer 2 cuillères à soupe d'huile d'olive dans une grande poêle allant au four ou une cocotte à feu moyen. Ajouter les oignons et les graines de coriandre et cuire 5 minutes en remuant souvent. Ajoutez les poivrons et laissez cuire encore 10 minutes. Ajoutez l'ail, les feuilles de laurier, la poudre de curry et les tomates et laissez cuire encore 8 minutes en remuant de temps en temps. Ajoutez le sucre, le vinaigre, 1½ cuillère à café de sel et un peu de poivre noir et poursuivez la cuisson encore 5 minutes.
c) Pendant ce temps, faites chauffer la cuillère à soupe d'huile restante dans une autre poêle à feu moyen-vif. Saupoudrez le poisson d'un peu de sel, plongez-le dans la farine, puis dans les œufs et faites-le revenir environ 3 minutes en le retournant une fois. Transférez le poisson sur du papier absorbant pour absorber l'excès d'huile, puis ajoutez-le à la poêle avec les poivrons et les oignons, en repoussant les légumes de côté pour que le poisson repose au fond de la poêle. Ajoutez suffisamment d'eau juste pour immerger le poisson (environ 1 tasse/250 ml) dans le liquide.
d) Mettez la poêle au four pendant 10 à 12 minutes, jusqu'à ce que le poisson soit cuit. Retirer du four et laisser refroidir à température ambiante. Le poisson peut maintenant être servi, mais il est meilleur après un jour ou deux au réfrigérateur. Avant de servir, goûtez et ajoutez du sel et du poivre, si nécessaire, et décorez de coriandre.

ACCOMPAGNEMENT ET SALADES

61. Spaghettis syriens

INGRÉDIENTS:
- 1 paquet (16 onces) de spaghettis
- 1 boîte (8 onces) de sauce tomate
- 1 boîte (6 onces) de pâte de tomate
- 1 cuillère à café de cannelle moulue
- ¼ tasse d'huile végétale
- Sel et poivre au goût

INSTRUCTIONS:
a) Préchauffer le four à 350 degrés F (175 degrés C). Beurrer un plat allant au four de 9 x 13 pouces.
b) Portez à ébullition une grande casserole d'eau légèrement salée.
c) Ajouter les spaghettis et cuire 8 à 10 minutes ou jusqu'à ce qu'ils soient al dente.
d) Égoutter les spaghettis et incorporer la sauce tomate, la pâte de tomates, la cannelle moulue, l'huile végétale, le sel et le poivre.
e) Transférer le mélange de spaghettis dans le plat allant au four préparé.
f) Cuire au four préchauffé pendant 1 heure ou jusqu'à ce que le dessus soit croustillant.
g) Une fois cuit, sortez du four et laissez refroidir quelques minutes.
h) Servez les spaghettis syriens chauds.

62.Aubergine retournée

INGRÉDIENTS:
- 1 kg d'aubergine
- Pincée de sel
- 2 tasses d'huile végétale
- Pincée de Paprika
- 3 tasses d'eau
- Pincée de cannelle en poudre
- 300 g de viande hachée de bœuf
- 1 1/2 tasse de riz (lavé et égoutté)
- 2 cuillères à soupe de pignons de pin grillés

INSTRUCTIONS:
a) Coupez l'aubergine en 12 fines tranches rondes, puis laissez-la tremper dans l'eau dans un bol pendant 10 minutes. Retirez les tranches d'aubergines après trempage et séchez-les.
b) Faites chauffer l'huile et ajoutez-y les aubergines par lots. Faire frire les aubergines des deux côtés.
c) Placer sur du papier absorbant pour égoutter et réserver.
d) Dans une autre poêle, faites griller les pignons de pin avec un peu d'huile.
e) Placez la viande dans une poêle antiadhésive, remuez constamment sur le feu jusqu'à ce qu'elle devienne dorée.
f) Ajouter les épices et le sel à la viande et bien mélanger.
g) Dans une casserole, mettez les tranches d'aubergines, puis mettez le riz cru avec une tasse et demie d'eau, et un peu de sel et de ghee. Couvrir jusqu'à ce que le riz soit cuit.
h) Dans une assiette creuse, mettez les pignons de pin, puis la viande, puis l'aubergine, puis le riz. Posez une assiette plate dessus et retournez le plat.

63. de chou-fleur rôti et noisettes

INGRÉDIENTS:

- 1 chou-fleur, cassé en petits bouquets (1½ lb / 660 g au total)
- 5 cuillères à soupe d'huile d'olive
- 1 grosse branche de céleri, coupée en biais en tranches de ¼ de pouce / 0,5 cm (⅔ tasse / 70 g au total)
- 5 cuillères à soupe / 30 g de noisettes avec la peau
- ⅓ tasse / 10 g de petites feuilles de persil plat cueillies
- ⅓ tasse / 50 g de graines de grenade (à partir d'environ ½ grenade moyenne)
- généreuse ¼ cuillère à café de cannelle moulue
- généreux ¼ cuillère à café de piment de la Jamaïque moulu
- 1 cuillère à soupe de vinaigre de Xérès
- 1½ cuillère à café de sirop d'érable
- sel et poivre noir fraîchement moulu

INSTRUCTIONS:

a) Préchauffer le four à 425°F / 220°C.
b) Mélangez le chou-fleur avec 3 cuillères à soupe d'huile d'olive, ½ cuillère à café de sel et un peu de poivre noir. Étalez-le dans une rôtissoire et faites-le rôtir sur la grille supérieure du four pendant 25 à 35 minutes, jusqu'à ce que le chou-fleur soit croustillant et que certaines parties soient devenues dorées. Transférer dans un grand bol à mélanger et laisser refroidir.
c) Diminuez la température du four à 325°F / 170°C. Étalez les noisettes sur une plaque à pâtisserie recouverte de papier sulfurisé et faites-les rôtir pendant 17 minutes.
d) Laissez les noix refroidir un peu, puis hachez-les grossièrement et ajoutez-les au chou-fleur, avec le reste de l'huile et le reste des ingrédients. Remuer, goûter et assaisonner avec du sel et du poivre en conséquence. Servir à température ambiante.

64. Salade fricassée

INGRÉDIENTS:
- 4 brins de romarin
- 4 feuilles de laurier
- 3 cuillères à soupe de grains de poivre noir
- environ 1⅔ tasse / 400 ml d'huile d'olive extra vierge
- 10½ oz / 300 g de steak de thon, en un ou deux morceaux
- 1⅓ lb / 600 g de pommes de terre Yukon Gold, pelées et coupées en morceaux de ¾ de pouce / 2 cm
- ½ cuillère à café de curcuma moulu
- 5 filets d'anchois, hachés grossièrement
- 3 cuillères à soupe de pâte d'harissa (du commerce ou voir recette)
- 4 cuillères à soupe de câpres
- 2 cuillères à café de zeste de citron confit finement haché (du commerce ou voir recette)
- ½ tasse / 60 g d'olives noires, dénoyautées et coupées en deux
- 2 cuillères à soupe de jus de citron fraîchement pressé
- 5 oz / 140 g de piments piquillos conservés (environ 5 poivrons), déchirés en lanières grossières
- 4 gros œufs durs, pelés et coupés en quartiers
- 2 petites laitues gemmes (environ 5 oz / 140 g au total), feuilles séparées et déchirées
- ⅔ oz / 20 g de persil plat, feuilles cueillies et déchirées
- sel

INSTRUCTIONS :

a) Pour préparer le thon, mettez le romarin, les feuilles de laurier et les grains de poivre dans une petite casserole et ajoutez l'huile d'olive. Faites chauffer l'huile juste en dessous du point d'ébullition, lorsque de minuscules bulles commencent à faire surface. Ajoutez délicatement le thon (le thon doit être complètement recouvert ; sinon, faites chauffer plus d'huile et ajoutez-le dans la poêle). Retirer du feu et laisser reposer quelques heures à découvert, puis couvrir la casserole et réfrigérer pendant au moins 24 heures.

b) Cuire les pommes de terre avec le curcuma dans beaucoup d'eau bouillante salée pendant 10 à 12 minutes, jusqu'à ce qu'elles soient cuites. Égouttez soigneusement, en vous assurant qu'aucune eau de curcuma ne se répande (les taches sont difficiles à enlever !), et placez-la dans un grand bol à mélanger. Pendant que les pommes de terre sont encore chaudes, ajoutez les anchois, la harissa, les câpres, le citron confit, les olives, 6 cuillères à soupe / 90 ml d' huile de conservation de thon et un peu de poivre de l'huile. Mélangez délicatement et laissez refroidir.

c) Retirez le thon du reste de l'huile, cassez-le en bouchées et ajoutez-le à la salade. Ajoutez le jus de citron, les poivrons, les œufs, la laitue et le persil. Mélangez doucement, goûtez, ajoutez du sel si nécessaire et éventuellement plus d'huile, puis servez.

65. Fasoliyyeh Bi Z-Zayt (haricots verts à l'huile d'olive)

INGRÉDIENTS:
- 1 paquet (16 onces) de haricots verts coupés surgelés
- ¼ tasse d'huile d'olive extra vierge
- Sel au goût
- 1 gousse d'ail, hachée
- ¼ tasse de coriandre fraîche hachée

INSTRUCTIONS:
a) Placez les haricots verts coupés surgelés dans une grande casserole.
b) Arroser d'huile d'olive extra vierge et assaisonner de sel au goût.
c) Mettez le couvercle sur la casserole et faites cuire à feu moyen-vif en remuant de temps en temps.
d) Cuire jusqu'à ce que les haricots verts atteignent la cuisson désirée. Les Syriens les font généralement cuire jusqu'à ce qu'ils deviennent brunâtres. Le but est de les laisser cuire à la vapeur dans l'humidité dégagée par les cristaux de glace, et non de les faire sauter.
e) Une fois les haricots verts cuits, ajoutez la coriandre fraîche hachée et l'ail émincé dans la casserole.
f) Continuez à cuire jusqu'à ce que la coriandre commence à se flétrir.
g) Mangez Fasoliyyeh Bi Z-Zayt comme plat principal en l'accompagnant de pain pita chaud, ou servez-le comme plat d'accompagnement savoureux.

66.Salade de poulet au safran et aux herbes

INGRÉDIENTS:

- 1 orange
- 2½ cuillères à soupe / 50 g de miel
- ½ cuillère à café de fils de safran
- 1 cuillère à soupe de vinaigre de vin blanc
- 1¼ tasse / environ 300 ml d'eau
- 2¼ lb / 1 kg de poitrine de poulet sans peau et désossée
- 4 cuillères à soupe d'huile d'olive
- 2 petits bulbes de fenouil, tranchés finement
- 1 tasse / 15 g de feuilles de coriandre cueillies
- ⅔ tasse / 15 g de feuilles de basilic cueillies, déchirées
- 15 feuilles de menthe cueillies, déchirées
- 2 cuillères à soupe de jus de citron fraîchement pressé
- 1 piment rouge, tranché finement
- 1 gousse d'ail, écrasée
- sel et poivre noir fraîchement moulu

INSTRUCTIONS:

a) Préchauffer le four à 400°F / 200°C. Coupez et jetez 1 cm du haut et de la queue de l'orange et coupez-la en 12 quartiers, en gardant la peau. Retirez toutes les graines.

b) Placez les quartiers dans une petite casserole avec le miel, le safran, le vinaigre et juste assez d'eau pour recouvrir les quartiers d'orange. Porter à ébullition et laisser mijoter doucement pendant environ une heure. À la fin, vous devriez vous retrouver avec une orange douce et environ 3 cuillères à soupe de sirop épais ; ajoutez de l'eau pendant la cuisson si le liquide devient très bas. Utilisez un robot culinaire pour mélanger l'orange et le sirop en une pâte lisse et coulante ; encore une fois, ajoutez un peu d'eau si nécessaire.

c) Mélangez la poitrine de poulet avec la moitié de l'huile d'olive et beaucoup de sel et de poivre et placez-la sur une poêle striée très chaude. Saisir pendant environ 2 minutes de chaque côté pour obtenir des marques de charbon claires partout. Transférer dans une rôtissoire et mettre au four pendant 15 à 20 minutes, jusqu'à ce qu'il soit juste cuit.

d) Une fois que le poulet est suffisamment froid pour être manipulé mais encore chaud, déchirez-le avec vos mains en morceaux grossiers et assez gros. Placer dans un grand bol à mélanger, verser sur la moitié de la pâte d'orange et bien mélanger. (L'autre moitié, vous pouvez la conserver au réfrigérateur pendant quelques jours. Elle ferait un bon ajout à une salsa aux herbes, à servir avec des poissons gras comme le maquereau ou le saumon.) Ajoutez le reste des ingrédients à la salade, y compris le reste de la salade. l'huile d'olive et mélanger délicatement. Goûtez, ajoutez du sel et du poivre et, si nécessaire, plus d'huile d'olive et de jus de citron.

67. Salade de légumes-racines au labneh

INGRÉDIENTS:
- 3 betteraves moyennes (1 lb / 450 g au total)
- 2 carottes moyennes (9 oz / 250 g au total)
- ½ céleri-rave (10 oz / 300 g au total)
- 1 chou-rave moyen (9 oz / 250 g au total)
- 4 cuillères à soupe de jus de citron fraîchement pressé
- 4 cuillères à soupe d'huile d'olive
- 3 cuillères à soupe de vinaigre de Xérès
- 2 cuillères à café de sucre ultrafin
- ¾ tasse / 25 g de feuilles de coriandre, hachées grossièrement
- ¾ tasse / 25 g de feuilles de menthe, râpées
- ⅔ tasse / 20 g de feuilles de persil plat, hachées grossièrement
- ½ cuillère à soupe de zeste de citron râpé
- 1 tasse / 200 g de labneh (du commerce ou voir recette)
- sel et poivre noir fraîchement moulu
- Épluchez tous les légumes et coupez-les finement, environ 1/16 de petit piment fort, finement haché

INSTRUCTIONS:
a) Mettez le jus de citron, l'huile d'olive, le vinaigre, le sucre et 1 cuillère à café de sel dans une petite casserole. Portez à légère ébullition et remuez jusqu'à ce que le sucre et le sel soient dissous. Retirer du feu.

b) Égouttez les lanières de légumes et transférez-les sur une serviette en papier pour bien les sécher. Séchez le bol et remplacez les légumes. Versez la vinaigrette chaude sur les légumes, mélangez bien et laissez refroidir. Placer au réfrigérateur pendant au moins 45 minutes.

c) Au moment de servir, ajoutez les herbes, le zeste de citron et 1 cuillère à café de poivre noir à la salade. Bien mélanger, goûter et ajouter plus de sel si nécessaire. Empilez-les sur des assiettes de service et servez avec un peu de labné en accompagnement.

68.Salade de pain syrienne

INGRÉDIENTS:
- 3 pains pita (6 pouces), déchirés en bouchées
- 1 petit oignon rouge, haché
- 1 concombre anglais moyen, pelé et coupé en dés de 1/2 pouce
- 1/4 tasse d'olives noires dénoyautées et séchées en saumure
- 2 gousses d'ail, hachées
- Jus d'1 citron 1
- Pincée de poivre de Cayenne moulu

INSTRUCTIONS:
a) Préchauffer le four à 350°F. Disposez les morceaux de pita sur une plaque à pâtisserie en une seule couche. Cuire au four jusqu'à ce qu'il soit légèrement grillé, environ 10 minutes, puis transférer dans un grand bol.
b) Ajouter les tomates, l'oignon, le concombre, le poivron, les olives et le persil. Mettre de côté.
c) Dans un petit bol, mélanger l'ail, le jus de citron, le sel, le poivre de Cayenne et l'huile. Bien mélanger et verser sur la salade. Mélanger délicatement pour combiner et servir.

69.taboule

INGRÉDIENTS:
- 1 tasse de boulgour
- 2 tasses d'eau bouillante
- 3 tasses de persil frais, finement haché
- 1 tasse de menthe fraîche, finement hachée
- 4 tomates, coupées finement en dés
- 1 concombre, coupé en petits dés
- 1/2 oignon rouge, finement haché
- 1/4 tasse d'huile d'olive
- Jus de 2 citrons
- Sel et poivre au goût

INSTRUCTIONS:
a) Mettez le boulgour dans un bol et versez dessus de l'eau bouillante. Couvrir et laisser reposer environ 20 minutes ou jusqu'à ce que l'eau soit absorbée.
b) Écrasez le boulgour avec une fourchette et laissez-le refroidir.
c) Dans un grand bol, mélanger le persil haché, la menthe, les tomates, le concombre et l'oignon rouge.
d) Ajoutez le boulgour refroidi aux légumes.
e) Dans un petit bol, mélanger l'huile d'olive, le jus de citron, le sel et le poivre. Verser sur la salade et mélanger.
f) Ajuster l'assaisonnement au goût et réfrigérer avant de servir.

70.Salatat Banadora (salade syrienne de tomates)

INGRÉDIENTS:
- 4 grosses tomates, coupées en dés
- 1 concombre, coupé en dés
- 1 oignon rouge, finement haché
- 1/4 tasse de persil frais, haché
- 1/4 tasse de menthe fraîche, hachée
- 2 cuillères à soupe d'huile d'olive
- Jus de 1 citron
- Sel et poivre au goût
- Fromage feta, émietté (facultatif)

INSTRUCTIONS:
a) Dans un grand bol, mélanger les tomates en dés, le concombre, l'oignon rouge haché, le persil et la menthe.
b) Dans un petit bol, mélanger l'huile d'olive, le jus de citron, le sel et le poivre.
c) Versez la vinaigrette sur la salade et mélangez.
d) Éventuellement, saupoudrez de fromage feta émietté avant de servir.

71.Salade de haricots mélangés

INGRÉDIENTS:
- 10 oz / 280 g de haricots jaunes, parés (si indisponibles, doublez la quantité de haricots verts)
- 10 oz / 280 g de haricots verts, parés
- 2 poivrons rouges, coupés en lanières de ¼ de pouce/0,5 cm
- 3 cuillères à soupe d'huile d'olive, plus 1 cuillère à café pour les poivrons
- 3 gousses d'ail, tranchées finement
- 6 cuillères à soupe / 50 g de câpres, rincées et essorées
- 1 cuillère à café de graines de cumin
- 2 cuillères à café de graines de coriandre
- 4 oignons verts, tranchés finement
- ⅓ tasse / 10 g d'estragon, haché grossièrement
- ⅔ tasse / 20 g de feuilles de cerfeuil cueillies (ou un mélange d'aneth cueilli et de persil râpé)
- le zeste râpé d'1 citron
- sel et poivre noir fraîchement moulu

INSTRUCTIONS:

a) Préchauffer le four à 450°F / 220°C.
b) Portez à ébullition une grande casserole avec beaucoup d'eau et ajoutez les haricots jaunes. Après 1 minute, ajoutez les haricots verts et laissez cuire encore 4 minutes, ou jusqu'à ce que les haricots soient bien cuits mais encore croquants. Rafraîchir sous l'eau glacée, égoutter, sécher et placer dans un grand bol à mélanger.
c) Pendant ce temps, mélangez les poivrons dans 1 cuillère à café d'huile, étalez-les sur une plaque à pâtisserie et placez-les au four pendant 5 minutes ou jusqu'à ce qu'ils soient tendres. Retirer du four et ajouter au bol avec les haricots cuits.
d) Faites chauffer les 3 cuillères à soupe d'huile d'olive dans une petite casserole. Ajouter l'ail et cuire 20 secondes; ajoutez les câpres (attention, elles crachent !) et faites revenir encore 15 secondes.
e) Ajoutez les graines de cumin et de coriandre et poursuivez la friture pendant encore 15 secondes. L'ail devrait être devenu doré maintenant. Retirer du feu et verser immédiatement le contenu de la casserole sur les haricots. Mélangez et ajoutez les oignons verts, les herbes, le zeste de citron, un généreux ¼ de cuillère à café de sel et le poivre noir.
f) Servir ou conserver au réfrigérateur jusqu'à une journée. Pensez simplement à ramener à température ambiante avant de servir.

72.Salade de chou-rave

INGRÉDIENTS :

- 3 chou-rave moyen (1⅔ lb / 750 g au total)
- ⅓ tasse / 80 g de yaourt grec
- 5 cuillères à soupe / 70 g de crème sure
- 3 cuillères à soupe de mascarpone
- 1 petite gousse d'ail écrasée
- 1½ cuillère à café de jus de citron fraîchement pressé
- 1 cuillère à soupe d'huile d'olive
- 2 cuillères à soupe de menthe fraîche finement râpée
- 1 cuillère à café de menthe séchée
- environ 12 brins / 20 g de cresson miniature
- ¼ cuillère à café de sumac
- sel et poivre blanc

INSTRUCTIONS :

a) Épluchez le chou-rave, coupez-le en dés de 1,5 cm et mettez-le dans un grand bol à mélanger. Réserver et préparer la vinaigrette.

b) Mettez le yaourt, la crème sure, le mascarpone, l'ail, le jus de citron et l'huile d'olive dans un bol moyen. Ajoutez ¼ de cuillère à café de sel et une bonne mouture de poivre et fouettez jusqu'à consistance lisse. Ajoutez la vinaigrette au chou-rave, puis la menthe fraîche et séchée et la moitié du cresson.

c) Remuer délicatement, puis disposer sur un plat de service. Parsemez le reste de cresson et saupoudrez de sumac.

73. de pois chiches épicés et légumes

INGRÉDIENTS:

- ½ tasse / 100 g de pois chiches secs
- 1 cuillère à café de bicarbonate de soude
- 2 petits concombres (10 oz / 280 g au total)
- 2 grosses tomates (10½ oz / 300 g au total)
- 8½ oz / 240 g de radis
- 1 poivron rouge épépiné et les côtes enlevées
- 1 petit oignon rouge, pelé
- ⅔ oz / 20 g de feuilles et tiges de coriandre, hachées grossièrement
- ½ oz / 15 g de persil plat, haché grossièrement
- 6 cuillères à soupe / 90 ml d'huile d'olive
- le zeste râpé d'un citron et 2 cuillères à soupe de jus
- 1½ cuillère à soupe de vinaigre de Xérès
- 1 gousse d'ail, écrasée
- 1 cuillère à café de sucre ultrafin
- 1 cuillère à café de cardamome moulue
- 1½ cuillère à café de piment de la Jamaïque moulu
- 1 cuillère à café de cumin moulu
- Yaourt grec (facultatif)
- sel et poivre noir fraîchement moulu

INSTRUCTIONS:

a) Faites tremper les pois chiches séchés toute la nuit dans un grand bol avec beaucoup d'eau froide et du bicarbonate de soude. Le lendemain, égouttez-les, mettez-les dans une grande casserole et recouvrez d'eau deux fois le volume des pois chiches. Porter à ébullition et laisser mijoter, en éliminant toute mousse, pendant environ une heure, jusqu'à ce qu'elle soit complètement tendre, puis égoutter.

b) Coupez le concombre, la tomate, le radis et le poivron en dés de ⅔ po/1,5 cm ; coupez l'oignon en dés de ¼ de pouce / 0,5 cm. Mélangez le tout dans un bol avec la coriandre et le persil.

c) Dans un pot ou un récipient hermétique, mélangez 5 cuillères à soupe / 75 ml d'huile d'olive, le jus et le zeste de citron, le vinaigre, l'ail et le sucre et mélangez bien pour former une vinaigrette, puis assaisonnez au goût avec du sel et du poivre. Versez la vinaigrette sur la salade et mélangez légèrement.

d) Mélangez la cardamome, le piment de la Jamaïque, le cumin et ¼ de cuillère à café de sel et étalez-les sur une assiette. Mélanger les pois chiches cuits dans le mélange d'épices en quelques lots pour bien les enrober. Faites chauffer le reste de l'huile d'olive dans une poêle à feu moyen et faites revenir légèrement les pois chiches pendant 2 à 3 minutes en secouant doucement la poêle pour qu'ils cuisent uniformément et ne collent pas. Garder au chaud.
e) Répartissez la salade dans quatre assiettes, en la disposant en un grand cercle, et déposez dessus les pois chiches chauds et épicés, en gardant le bord de la salade clair. Vous pouvez arroser d'un peu de yaourt grec pour rendre la salade crémeuse.

74. épicée de betteraves, poireaux et noix

INGRÉDIENTS:
- 4 betteraves moyennes (⅓ lb / 600 g au total après cuisson et épluchage)
- 4 poireaux moyens, coupés en segments de 4 pouces / 10 cm (4 tasses / 360 g au total)
- ½ oz / 15 g de coriandre, hachée grossièrement
- 1¼ tasse / 25 g de roquette
- ⅓ tasse / 50 g de graines de grenade (facultatif)
- PANSEMENT
- 1 tasse / 100 g de noix, hachées grossièrement
- 4 gousses d'ail, hachées finement
- ½ cuillère à café de flocons de chili
- ¼ tasse / 60 ml de vinaigre de cidre
- 2 cuillères à soupe d'eau de tamarin
- ½ cuillère à café d'huile de noix
- 2½ cuillères à soupe d'huile d'arachide
- 1 cuillère à café de sel

INSTRUCTIONS:
a) Préchauffer le four à 425°F / 220°C.
b) Enveloppez les betteraves individuellement dans du papier aluminium et faites-les rôtir au four pendant 1 heure à 1h30, selon leur taille. Une fois cuit, vous devriez pouvoir enfoncer facilement un petit couteau au centre. Sortez du four et laissez refroidir.
c) Une fois suffisamment refroidies pour être manipulées, épluchez les betteraves, coupez-les en deux et coupez chaque moitié en quartiers de ⅜ pouce / 1 cm d'épaisseur à la base. Mettre dans un bol moyen et réserver.
d) Placer les poireaux dans une casserole moyenne avec de l'eau salée, porter à ébullition et laisser mijoter 10 minutes, jusqu'à ce qu'ils soient juste cuits ; il est important de les laisser mijoter doucement et de ne pas trop les cuire pour qu'ils ne se désagrègent pas. Égouttez et rafraîchissez sous l'eau froide, puis utilisez un couteau denté très tranchant pour couper chaque segment en 3 petits morceaux et séchez-le. Transférer dans un bol, séparer des betteraves et réserver.
e) Pendant que les légumes cuisent, mélangez tous les ingrédients de la vinaigrette et laissez de côté au moins 10 minutes pour que toutes les saveurs se mélangent.

f) Répartissez la vinaigrette aux noix et la coriandre à parts égales entre les betteraves et les poireaux et mélangez délicatement. Goûtez les deux et ajoutez plus de sel si nécessaire.
g) Pour préparer la salade, étalez la plupart des betteraves sur un plat de service, garnissez d'un peu de roquette, puis de la plupart des poireaux, puis du reste des betteraves, et terminez avec davantage de poireaux et de roquette. Saupoudrer de graines de grenade, le cas échéant, et servir.

75. de courgettes et tomates en morceaux

INGRÉDIENTS:
- 8 courgettes vert pâle ou courgettes régulières (environ 2¼ lb / 1 kg au total)
- 5 grosses tomates bien mûres (1¾ lb / 800 g au total)
- 3 cuillères à soupe d'huile d'olive, et un peu pour finir
- 2½ tasses / 300 g de yaourt grec
- 2 gousses d'ail, écrasées
- 2 piments rouges épépinés et hachés
- le zeste râpé d'un citron moyen et 2 cuillères à soupe de jus de citron fraîchement pressé
- 1 cuillère à soupe de sirop de dattes, plus un peu pour finir
- 2 tasses / 200 g de noix, hachées grossièrement
- 2 cuillères à soupe de menthe hachée
- ⅔ oz / 20 g de persil plat, haché
- sel et poivre noir fraîchement moulu

INSTRUCTIONS:
a) Préchauffer le four à 425°F / 220°C. Placez une poêle à frire striée sur feu vif.
b) Parez les courgettes et coupez-les en deux dans le sens de la longueur. Coupez également les tomates en deux. Badigeonner les courgettes et les tomates d'huile d'olive sur le côté coupé et assaisonner de sel et de poivre.
c) À présent, la poêle à frire devrait être très chaude. Commencez par les courgettes. Placez-en quelques-uns sur la poêle, côté coupé vers le bas, et laissez cuire 5 minutes ; les courgettes doivent être bien carbonisées d'un côté. Retirez maintenant les courgettes et répétez le même processus avec les tomates. Placer les légumes dans une rôtissoire et mettre au four environ 20 minutes, jusqu'à ce que les courgettes soient bien tendres.
d) Retirez la casserole du four et laissez les légumes refroidir légèrement. Hachez-les grossièrement et laissez-les égoutter dans une passoire pendant 15 minutes.
e) Fouetter ensemble le yaourt, l'ail, le chili, le zeste et le jus de citron et la mélasse dans un grand bol à mélanger. Ajoutez les légumes hachés, les noix, la menthe et la majeure partie du persil et remuez bien. Assaisonner avec ¾ de cuillère à café de sel et un peu de poivre.
f) Transférez la salade dans une grande assiette de service peu profonde et étalez-la. Garnir avec le persil restant. Enfin, arrosez d'un peu de sirop de dattes et d'huile d'olive.

76.Salade de persil et d'orge

INGRÉDIENTS:

- ¼ tasse / 40 g d'orge perlé
- 5 oz / 150 g de fromage feta
- 5½ cuillères à soupe d'huile d'olive
- 1 cuillère à café de zaatar
- ½ cuillère à café de graines de coriandre, légèrement grillées et écrasées
- ¼ cuillère à café de cumin moulu
- 3 oz / 80 g de persil plat, feuilles et tiges fines
- 4 oignons verts, finement hachés (⅓ tasse / 40 g au total)
- 2 gousses d'ail, écrasées
- ⅓ tasse / 40 g de noix de cajou, légèrement grillées et grossièrement concassées
- 1 poivron vert, épépiné et coupé en dés de ⅜ po/1 cm
- ½ cuillère à café de piment de la Jamaïque moulu
- 2 cuillères à soupe de jus de citron fraîchement pressé
- sel et poivre noir fraîchement moulu

INSTRUCTIONS:

a) Placez l'orge perlé dans une petite casserole, couvrez abondamment d'eau et faites bouillir pendant 30 à 35 minutes, jusqu'à ce qu'elle soit tendre mais avec du mordant. Versez dans une passoire fine, secouez pour éliminer toute l'eau et transférez dans un grand bol.

b) Cassez la feta en morceaux grossiers d'environ 2 cm et mélangez-les dans un petit bol avec 1½ cuillère à soupe d'huile d'olive, le za'atar, les graines de coriandre et le cumin. Mélangez délicatement et laissez mariner le temps de préparer le reste de la salade.

c) Hachez finement le persil et placez-le dans un bol avec les oignons verts, l'ail, les noix de cajou, le poivre, le piment de la Jamaïque, le jus de citron, le reste de l'huile d'olive et l'orge cuite. Bien mélanger et assaisonner au goût. Pour servir, répartissez la salade dans quatre assiettes et garnissez de feta marinée.

77. Salade Fattouche

INGRÉDIENTS:
- 2 tomates, coupées en dés
- 1 concombre, coupé en dés
- 1 oignon rouge, finement haché
- 1 poivron vert, coupé en dés
- 1 tasse de radis, tranchés
- 1 tasse de persil frais, haché
- 1 tasse de pain pita grillé, déchiré en morceaux
- 1/4 tasse d'huile d'olive
- 2 cuillères à soupe de jus de citron
- 1 cuillère à café de sumac moulu
- Sel et poivre au goût

INSTRUCTIONS:
a) Dans un grand bol, mélanger les tomates, le concombre, l'oignon rouge, le poivron vert, les radis et le persil.
b) Ajoutez les morceaux de pain pita grillés.
c) Dans un petit bol, mélanger l'huile d'olive, le jus de citron, le sumac, le sel et le poivre.
d) Versez la vinaigrette sur la salade et mélangez délicatement avant de servir.

78. Salade de carottes épicée

INGRÉDIENTS:
- 6 grosses carottes pelées (environ 1½ lb / 700 g au total)
- 3 cuillères à soupe d'huile de tournesol
- 1 gros oignon finement haché (2 tasses / 300 g au total)
- 1 cuillère à soupe de Pilpelchuma ou 2 cuillères à soupe de harissa (du commerce ou voir recette)
- ½ cuillère à café de cumin moulu
- ½ cuillère à café de graines de carvi fraîchement moulues
- ½ cuillère à café de sucre
- 3 cuillères à soupe de vinaigre de cidre
- 1½ tasses / 30 g de feuilles de roquette
- sel

INSTRUCTIONS:
a) Mettez les carottes dans une grande casserole, couvrez d'eau et portez à ébullition. Baissez le feu, couvrez et laissez cuire environ 20 minutes, jusqu'à ce que les carottes soient juste tendres. Égoutter et, une fois suffisamment refroidi pour être manipulé, couper en tranches de ¼ de pouce/0,5 cm.
b) Pendant que les carottes cuisent, faites chauffer la moitié de l'huile dans une grande poêle. Ajouter l'oignon et cuire à feu moyen pendant 10 minutes, jusqu'à ce qu'il soit doré.
c) Versez l'oignon frit dans un grand bol à mélanger et ajoutez le pilpelchuma, le cumin, le carvi, ¾ de cuillère à café de sel, le sucre, le vinaigre et le reste de l'huile. Ajoutez les carottes et mélangez bien. Laisser reposer au moins 30 minutes pour que les arômes mûrissent.
d) Disposez la salade sur une grande assiette en parsemant de roquette au fur et à mesure.

SOUPES

79. Soupe de cresson et pois chiches à l'eau de rose

INGRÉDIENTS:
- 2 carottes moyennes (9 oz / 250 g au total), coupées en dés de ¾ de pouce / 2 cm
- 3 cuillères à soupe d'huile d'olive
- 2½ cuillères à café de ras el hanout
- ½ cuillère à café de cannelle moulue
- 1½ tasse / 240 g de pois chiches cuits, frais ou en conserve
- 1 oignon moyen, tranché finement
- 2½ cuillères à soupe / 15 g de gingembre frais pelé et finement haché
- 2½ tasses / 600 ml de bouillon de légumes
- 7 oz / 200 g de cresson
- 3½ oz / 100 g de feuilles d'épinards
- 2 cuillères à café de sucre ultrafin
- 1 cuillère à café d'eau de rose
- sel
- Yaourt grec, pour servir (facultatif)
- Préchauffer le four à 425°F / 220°C.

INSTRUCTIONS:

a) Mélangez les carottes avec 1 cuillère à soupe d'huile d'olive, le ras el hanout, la cannelle et une généreuse pincée de sel et étalez à plat dans une rôtissoire recouverte de papier sulfurisé. Mettre au four pendant 15 minutes, puis ajouter la moitié des pois chiches, bien mélanger et cuire encore 10 minutes, jusqu'à ce que la carotte ramollisse mais soit encore croquante.

b) Pendant ce temps, mettez l'oignon et le gingembre dans une grande casserole. Faire revenir avec le reste de l'huile d'olive pendant environ 10 minutes à feu moyen, jusqu'à ce que l'oignon soit complètement tendre et doré. Ajoutez le reste des pois chiches, le bouillon, le cresson, les épinards, le sucre et ¾ de cuillère à café de sel, remuez bien et portez à ébullition. Cuire une minute ou deux, jusqu'à ce que les feuilles fanent.

c) À l'aide d'un robot culinaire ou d'un mélangeur, mixez la soupe jusqu'à ce qu'elle soit lisse. Ajoutez l'eau de rose, remuez, goûtez et ajoutez plus de sel ou d'eau de rose si vous le souhaitez. Réserver jusqu'à ce que les carottes et les pois chiches soient prêts, puis réchauffer pour servir.

d) Pour servir, répartissez la soupe dans quatre bols et garnissez de carottes et de pois chiches chauds et, si vous le souhaitez, d'environ 2 cuillères à café de yaourt par portion.

80. Soupe chaude au yaourt et à l'orge

INGRÉDIENTS:

- 6¾ tasses / 1,6 litre d'eau
- 1 tasse / 200 g d'orge perlé
- 2 oignons moyens, finement hachés
- 1½ cuillère à café de menthe séchée
- 4 cuillères à soupe / 60 g de beurre doux
- 2 gros œufs, battus
- 2 tasses / 400 g de yaourt grec
- ⅔ oz / 20 g de menthe fraîche, hachée
- ⅓ oz / 10 g de persil plat, haché
- 3 oignons verts, tranchés finement
- sel et poivre noir fraîchement moulu

INSTRUCTIONS:

a) Portez l'eau à ébullition avec l'orge dans une grande casserole, en ajoutant 1 cuillère à café de sel, et laissez mijoter jusqu'à ce que l'orge soit cuite mais toujours al dente, 15 à 20 minutes. Retirer du feu. Une fois cuite, vous aurez besoin de 4¾ tasses / 1,1 litre de liquide de cuisson pour la soupe ; complétez avec de l'eau s'il vous en reste moins à cause de l'évaporation.

b) Pendant que l'orge cuit, faire revenir l'oignon et la menthe séchée à feu moyen dans le beurre jusqu'à ce qu'ils soient tendres, environ 15 minutes. Ajoutez-le à l'orge cuite.

c) Fouetter ensemble les œufs et le yaourt dans un grand bol à mélanger résistant à la chaleur. Incorporez lentement un peu d'orge et d'eau, une louche à la fois, jusqu'à ce que le yaourt soit chaud. Cela tempérera le yaourt et les œufs et les empêchera de se fendre lorsqu'ils seront ajoutés au liquide chaud.

d) Ajoutez le yaourt dans la marmite et remettez à feu moyen, en remuant continuellement, jusqu'à ce que la soupe mijote très légèrement. Hors du feu, ajoutez les herbes hachées et les oignons verts et vérifiez l'assaisonnement.

e) Servir chaud.

81. Soupe cannellini aux haricots et à l'agneau

INGRÉDIENTS:

- 1 cuillère à soupe d'huile de tournesol
- 1 petit oignon (5 oz / 150 g au total), finement haché
- ¼ de petit céleri-rave, pelé et coupé en dés de ¼ de pouce/0,5 cm (6 oz/170 g au total)
- 20 grosses gousses d'ail, pelées mais entières
- 1 cuillère à café de cumin moulu
- 1 lb / 500 g de viande de ragoût d'agneau (ou de bœuf si vous préférez), coupée en cubes de ¾ de pouce / 2 cm
- 7 tasses / 1,75 litre d'eau
- ½ tasse / 100 g de cannellini ou de haricots pinto séchés, trempés toute la nuit dans beaucoup d'eau froide, puis égouttés
- 7 gousses de cardamome légèrement écrasées
- ½ cuillère à café de curcuma moulu
- 2 cuillères à soupe de concentré de tomate
- 1 cuillère à café de sucre ultrafin
- 9 oz / 250 g de pomme de terre Yukon Gold ou autre pomme de terre à chair jaune, pelée et coupée en cubes de ¾ de pouce / 2 cm
- sel et poivre noir fraîchement moulu
- pain, pour servir
- jus de citron fraîchement pressé, pour servir
- coriandre hachée ou Zhoug

INSTRUCTIONS:

a) Faites chauffer l'huile dans une grande poêle et faites cuire l'oignon et le céleri-rave à feu moyen-vif pendant 5 minutes ou jusqu'à ce que l'oignon commence à dorer. Ajoutez les gousses d'ail et le cumin et laissez cuire encore 2 minutes. Retirer du feu et réserver.

b) Placez la viande et l'eau dans une grande casserole ou une cocotte à feu moyen-vif, portez à ébullition, baissez le feu et laissez mijoter pendant 10 minutes, en écumant fréquemment la surface jusqu'à obtenir un bouillon clair. Ajouter le mélange d'oignons et de céleri-rave, les haricots égouttés, la cardamome, le curcuma, le concentré de tomate et le sucre. Porter à ébullition, couvrir et laisser mijoter doucement pendant 1 heure ou jusqu'à ce que la viande soit tendre.

c) Ajoutez les pommes de terre à la soupe et assaisonnez avec 1 cuillère à café de sel et ½ cuillère à café de poivre noir.

d) Ramenez à ébullition, baissez le feu et laissez mijoter à découvert pendant encore 20 minutes ou jusqu'à ce que les pommes de terre et les haricots soient tendres. La soupe doit être épaisse. Laisser bouillonner encore un peu, si nécessaire, pour réduire, ou ajouter un peu d'eau. Goûtez et ajoutez plus d'assaisonnement à votre goût.
e) Servir la soupe avec du pain et du jus de citron et de la coriandre fraîche hachée, ou zhoug.

82.Fruits de Mer et Fenouil

INGRÉDIENTS :

- 2 cuillères à soupe d'huile d'olive
- 4 gousses d'ail, tranchées finement
- 2 bulbes de fenouil (10½ oz / 300 g au total), parés et coupés en fines tranches
- 1 grosse pomme de terre cireuse (7 oz / 200 g au total), pelée et coupée en cubes de ⅔ po / 1,5 cm
- 3 tasses / 700 ml de bouillon de poisson (ou de bouillon de poulet ou de légumes, si vous préférez)
- ½ citron confit moyen (½ oz / 15 g au total), du commerce ou voir recette
- 1 piment rouge, tranché (facultatif)
- 6 tomates (14 oz / 400 g au total), pelées et coupées en quartiers
- 1 cuillère à soupe de paprika doux
- une bonne pincée de safran
- 4 cuillères à soupe de persil plat finement haché
- 4 filets de bar (environ 10½ oz / 300 g au total), avec la peau, coupés en deux
- 14 moules (environ 8 oz / 220 g au total)
- 15 palourdes (environ 4½ oz / 140 g au total)
- 10 crevettes tigrées (environ 8 oz / 220 g au total), dans leur carapace ou décortiquées et déveinées
- 3 cuillères à soupe d'arak, d'ouzo ou de Pernod
- 2 cuillères à café d'estragon haché (facultatif)
- sel et poivre noir fraîchement moulu

INSTRUCTIONS :

a) Mettez l'huile d'olive et l'ail dans une grande poêle à rebord bas et faites cuire à feu moyen pendant 2 minutes sans colorer l'ail. Incorporer le fenouil et la pomme de terre et cuire encore 3 à 4 minutes. Ajoutez le bouillon et le citron confit, assaisonnez avec ¼ de cuillère à café de sel et un peu de poivre noir, portez à ébullition, puis couvrez et laissez cuire à feu doux pendant 12 à 14 minutes, jusqu'à ce que les pommes de terre soient cuites. Ajoutez le chili (le cas échéant), les tomates, les épices et la moitié du persil et laissez cuire encore 4 à 5 minutes.

b) À ce stade, ajoutez encore 1¼ tasse / 300 ml d'eau, juste la quantité nécessaire pour pouvoir couvrir le poisson pour le pocher, et portez à nouveau à ébullition. Ajoutez le bar et les coquillages, couvrez la casserole et laissez bouillir assez fort pendant 3 à 4 minutes, jusqu'à ce que les coquillages s'ouvrent et que les crevettes deviennent roses.

c) À l'aide d'une écumoire, retirez les poissons et les crustacés de la soupe. Si elle est encore un peu liquide, laissez bouillir la soupe encore quelques minutes pour réduire. Ajoutez l'arak et goûtez pour l'assaisonnement.

d) Enfin, remettez les coquillages et les poissons dans la soupe pour les réchauffer. Servir aussitôt, garni du reste de persil et d'estragon, si désiré.

83.Soupe aux pistaches

INGRÉDIENTS:
- 2 cuillères à soupe d'eau bouillante
- ¼ cuillère à café de fils de safran
- 1⅔ tasse / 200 g de pistaches décortiquées non salées
- 2 cuillères à soupe / 30 g de beurre doux
- 4 échalotes finement hachées (3½ oz / 100 g au total)
- 1 oz / 25 g de gingembre, pelé et finement haché
- 1 poireau finement haché (1¼ tasse / 150 g au total)
- 2 cuillères à café de cumin moulu
- 3 tasses / 700 ml de bouillon de poulet
- ⅓ tasse / 80 ml de jus d'orange fraîchement pressé
- 1 cuillère à soupe de jus de citron fraîchement pressé
- sel et poivre noir fraîchement moulu
- crème sure, pour servir

INSTRUCTIONS:

a) Préchauffer le four à 350°F / 180°C. Versez l'eau bouillante sur les fils de safran dans une petite tasse et laissez infuser 30 minutes.

b) Pour retirer la peau des pistaches, blanchissez les noix dans l'eau bouillante pendant 1 minute, égouttez-les et, encore chaudes, retirez les peaux en pressant les noix entre vos doigts. Toutes les peaux ne se détacheront pas comme pour les amandes (c'est bien car cela n'affectera pas la soupe), mais se débarrasser d'une partie de la peau améliorera la couleur, la rendant d'un vert plus brillant. Étalez les pistaches sur une plaque à pâtisserie et faites-les rôtir au four pendant 8 minutes. Retirer et laisser refroidir.

c) Faites chauffer le beurre dans une grande casserole et ajoutez les échalotes, le gingembre, le poireau, le cumin, ½ cuillère à café de sel et un peu de poivre noir. Faire revenir à feu moyen pendant 10 minutes, en remuant souvent, jusqu'à ce que les échalotes soient complètement tendres. Ajoutez le bouillon et la moitié du safran liquide. Couvrez la casserole, baissez le feu et laissez mijoter la soupe pendant 20 minutes.

d) Placez toutes les pistaches sauf 1 cuillère à soupe dans un grand bol avec la moitié de la soupe. Utilisez un mixeur plongeant pour mixer jusqu'à consistance lisse, puis remettez-le dans la casserole. Ajoutez le jus d'orange et de citron, réchauffez et goûtez pour rectifier l'assaisonnement.

e) Au moment de servir, hachez grossièrement les pistaches réservées. Transférer la soupe chaude dans des bols et garnir d'une cuillerée de crème sure. Saupoudrer de pistaches et arroser du reste de safran liquide.

84. d'aubergines brûlées et Mograbieh

INGRÉDIENTS:
- 5 petites aubergines (environ 2½ lb / 1,2 kg au total)
- huile de tournesol, pour la friture
- 1 oignon, tranché (environ 1 tasse / 125 g au total)
- 1 cuillère à soupe de graines de cumin fraîchement moulues
- 1½ cuillère à café de concentré de tomate
- 2 grosses tomates (12 oz / 350 g au total), pelées et coupées en dés
- 1½ tasse / 350 ml de bouillon de poulet ou de légumes
- 1⅔ tasses / 400 ml d'eau
- 4 gousses d'ail, écrasées
- 2½ cuillères à café de sucre
- 2 cuillères à soupe de jus de citron fraîchement pressé
- ⅓ tasse / 100 g de mograbieh, ou une alternative, comme le maftoul, le fregola ou le couscous géant (voir section sur le couscous)
- 2 cuillères à soupe de basilic râpé ou 1 cuillère à soupe d'aneth haché, facultatif
- sel et poivre noir fraîchement moulu

INSTRUCTIONS:

a) Commencez par brûler trois aubergines. Pour ce faire, suivez les instructions de Aubergines brûlées à l'ail, au citron et aux graines de grenade.

b) Coupez les aubergines restantes en dés de ⅔ po/1,5 cm. Chauffer environ ⅔ tasse/150 ml d'huile dans une grande casserole à feu moyen-vif. Quand il est chaud, ajoutez les dés d'aubergines. Faire frire pendant 10 à 15 minutes, en remuant souvent, jusqu'à ce que tout soit coloré ; ajoutez un peu plus d'huile si nécessaire pour qu'il y ait toujours un peu d'huile dans la poêle. Retirez l'aubergine, placez-la dans une passoire pour l'égoutter et saupoudrez de sel.

c) Assurez-vous qu'il reste environ 1 cuillère à soupe d'huile dans la poêle, puis ajoutez l'oignon et le cumin et faites revenir pendant environ 7 minutes, en remuant souvent. Ajoutez la pâte de tomates et laissez cuire encore une minute avant d'ajouter les tomates, le bouillon, l'eau, l'ail, le sucre, le jus de citron, 1½ cuillère à café de sel et un peu de poivre noir. Laisser mijoter doucement pendant 15 minutes.

d) Pendant ce temps, portez à ébullition une petite casserole d'eau salée et ajoutez le mograbieh ou son alternative. Cuire jusqu'à ce qu'il soit al dente; cela varie selon la marque mais devrait prendre 15 à 18 minutes (vérifiez le paquet). Égoutter et rafraîchir sous l'eau froide.

e) Transférez la chair d'aubergine brûlée dans la soupe et mixez jusqu'à obtenir un liquide lisse avec un mixeur plongeant. Ajouter le mograbieh et les aubergines frites, en garder un peu pour garnir à la fin, et laisser mijoter encore 2 minutes. Goûtez et rectifiez l'assaisonnement. Servir chaud, avec le mograbieh réservé et les aubergines frites dessus et garni de basilic ou d'aneth, si vous le souhaitez.

85. Soupe aux tomates et au levain

INGRÉDIENTS :
- 2 cuillères à soupe d'huile d'olive, et un peu pour finir
- 1 gros oignon haché (1⅔ tasse / 250 g au total)
- 1 cuillère à café de graines de cumin
- 2 gousses d'ail, écrasées
- 3 tasses / 750 ml de bouillon de légumes
- 4 grosses tomates mûres, hachées (4 tasses / 650 g au total)
- une boîte de 14 oz / 400 g de tomates italiennes hachées
- 1 cuillère à soupe de sucre ultrafin
- 1 tranche de pain au levain (1½ oz / 40 g au total)
- 2 cuillères à soupe de coriandre hachée, plus un peu pour finir
- sel et poivre noir fraîchement moulu

INSTRUCTIONS :

a) Faites chauffer l'huile dans une casserole moyenne et ajoutez l'oignon. Faire revenir environ 5 minutes, en remuant souvent, jusqu'à ce que l'oignon soit translucide. Ajoutez le cumin et l'ail et faites revenir 2 minutes. Versez le bouillon, les deux types de tomates, le sucre, 1 cuillère à café de sel et une bonne mouture de poivre noir.

b) Portez la soupe à doux frémissement et laissez cuire 20 minutes en ajoutant le pain coupé en morceaux à mi-cuisson.

c) Ajoutez enfin la coriandre puis mixez, à l'aide d'un mixeur, en quelques impulsions pour que les tomates se décomposent mais soient encore un peu grossières et épaisses. La soupe doit être assez épaisse ; ajoutez un peu d'eau si elle est trop épaisse à ce stade. Servir arrosé d'huile et parsemé de coriandre fraîche.

86. Soupe claire au poulet avec knaidlach

INGRÉDIENTS:
- 1 poulet fermier d'environ 4½ lb / 2 kg, divisé en quartiers, avec tous les os, plus les abats si vous pouvez les obtenir et les ailes ou os supplémentaires que vous pouvez obtenir chez le boucher
- 1½ cuillère à café d'huile de tournesol
- 1 tasse / 250 ml de vin blanc sec
- 2 carottes, pelées et coupées en tranches de ¾ de pouce/2 cm (2 tasses/250 g au total)
- 4 branches de céleri (environ 10½ oz / 300 g au total), coupées en segments de 2½ pouces / 6 cm
- 2 oignons moyens (environ 12 oz / 350 g au total), coupés en 8 quartiers
- 1 gros navet (7 oz / 200 g), pelé, paré et coupé en 8 segments
- 2 oz / 50 g bouquet de persil plat
- 2 oz / 50 g bouquet de coriandre
- 5 brins de thym
- 1 petite branche de romarin
- ¾ oz / 20 g d'aneth, plus un peu pour garnir
- 3 feuilles de laurier
- 3½ oz / 100 g de gingembre frais, tranché finement
- 20 grains de poivre noir
- 5 baies de piment de la Jamaïque
- sel

KNAIDLACH
- 2 œufs extra-gros
- 2½ cuillères à soupe / 40 g de margarine ou de graisse de poulet, fondue et laissée refroidir un peu
- 2 cuillères à soupe de persil plat finement haché
- ⅔ tasse / 75 g de repas de matzo
- 4 cuillères à soupe d'eau gazeuse
- sel et poivre noir fraîchement moulu

INSTRUCTIONS:
a) Pour faire le knaidlach, fouettez les œufs dans un bol moyen jusqu'à ce qu'ils soient mousseux. Incorporer la margarine fondue, puis ½ cuillère à café de sel, un peu de poivre noir et le persil. Incorporez progressivement la farine de matzo, suivie de l'eau gazeuse, et remuez jusqu'à obtenir une pâte uniforme. Couvrir le bol et réfrigérer la pâte

jusqu'à ce qu'elle soit froide et ferme, au moins une heure ou deux et jusqu'à 1 jour à l'avance.

b) Tapisser une plaque à pâtisserie d'une pellicule plastique. À l'aide de vos mains mouillées et d'une cuillère, façonnez avec la pâte des boules de la taille de petites noix et placez-les sur la plaque à pâtisserie.

c) Déposez les boules de matzo dans une grande casserole d'eau salée légèrement bouillante. Couvrir partiellement avec un couvercle et baisser le feu à doux. Laisser mijoter doucement jusqu'à tendreté, environ 30 minutes.

d) À l'aide d'une écumoire, transférez les knaidlach sur une plaque à pâtisserie propre où ils peuvent refroidir, puis réfrigérez-les jusqu'à une journée. Ou bien, ils peuvent aller directement dans la soupe chaude.

e) Pour la soupe, retirez tout excès de gras du poulet et jetez-le. Versez l'huile dans une très grande casserole ou une cocotte et saisissez les morceaux de poulet à feu vif de tous les côtés pendant 3 à 4 minutes. Retirer de la poêle, jeter l'huile et essuyer la poêle.

f) Ajoutez le vin et laissez-le bouillonner pendant une minute. Remettez le poulet, couvrez d'eau et portez à ébullition très douce. Laisser mijoter environ 10 minutes en écumant l'écume.

g) Ajoutez les carottes, le céleri, les oignons et le navet. Attachez toutes les herbes en un paquet avec de la ficelle et ajoutez-les au pot. Ajoutez les feuilles de laurier, le gingembre, les grains de poivre, le piment de la Jamaïque et 1½ cuillère à café de sel, puis versez suffisamment d'eau pour bien couvrir le tout.

h) Ramenez la soupe à ébullition très douce et laissez cuire 1h30, en écumant de temps en temps et en ajoutant de l'eau si nécessaire pour que le tout soit bien couvert. Sortez le poulet de la soupe et retirez la viande des os. Conservez la viande dans un bol avec un peu de bouillon pour la garder humide et réfrigérez-la; réserver pour un autre usage.

i) Remettez les os dans la casserole et laissez mijoter encore une heure, en ajoutant juste assez d'eau pour garder les os et les légumes couverts. Filtrez la soupe chaude et jetez les herbes, les légumes et les os. Réchauffez le knaidlach cuit dans la soupe.

j) Une fois chauds, servez la soupe et le knaidlach dans des bols peu profonds, parsemés d'aneth.

87. Soupe de freekeh épicée aux boulettes de viande

INGRÉDIENTS:

- 14 oz / 400 g de bœuf haché, d'agneau ou une combinaison des deux
- 1 petit oignon (5 oz / 150 g au total), finement coupé
- 2 cuillères à soupe de persil plat finement haché
- ½ cuillère à café de piment de la Jamaïque moulu
- ¼ cuillère à café de cannelle moulue
- 3 cuillères à soupe de farine tout usage
- 2 cuillères à soupe d'huile d'olive
- sel et poivre noir fraîchement moulu
- SOUPE
- 2 cuillères à soupe d'huile d'olive
- 1 gros oignon (9 oz / 250 g au total), haché
- 3 gousses d'ail écrasées
- 2 carottes (9 oz / 250 g au total), pelées et coupées en cubes de ⅜ po / 1 cm
- 2 branches de céleri (5 oz / 150 g au total), coupées en cubes de ⅜ de pouce / 1 cm
- 3 grosses tomates (12 oz / 350 g au total), hachées
- 2½ cuillères à soupe / 40 g de concentré de tomate
- 1 cuillère à soupe de mélange d'épices baharat (du commerce ou voir recette)
- 1 cuillère à soupe de coriandre moulue
- 1 bâton de cannelle
- 1 cuillère à soupe de sucre ultrafin
- 1 tasse / 150 g de freekeh concassé
- 2 tasses / 500 ml de bouillon de bœuf
- 2 tasses / 500 ml de bouillon de poulet
- 3¼ tasses / 800 ml d'eau chaude
- ⅓ oz / 10 g de coriandre hachée
- 1 citron, coupé en 6 quartiers

INSTRUCTIONS:

a) Commencez par les boulettes de viande. Dans un grand bol, mélanger la viande, l'oignon, le persil, le piment de la Jamaïque, la cannelle, ½ cuillère à café de sel et ¼ cuillère à café de poivre. À l'aide de vos mains, mélangez bien, puis formez des boules de la taille d'un ping-pong et roulez-les dans la farine ; vous en obtiendrez environ 15. Faites chauffer l'huile d'olive dans une grande cocotte et faites frire les boulettes de viande à feu moyen pendant quelques minutes, jusqu'à ce qu'elles soient dorées de tous les côtés. Retirez les boulettes de viande et réservez.

b) Essuyez la poêle avec du papier absorbant et ajoutez l'huile d'olive pour la soupe. À feu moyen, faites revenir l'oignon et l'ail pendant 5 minutes. Incorporer les carottes et le céleri et cuire 2 minutes. Ajoutez les tomates, la pâte de tomates, les épices, le sucre, 2 cuillères à café de sel et ½ cuillère à café de poivre et laissez cuire encore 1 minute. Incorporer le freekeh et cuire 2 à 3 minutes. Ajouter les bouillons, l'eau chaude et les boulettes de viande. Porter à ébullition, baisser le feu et laisser mijoter très doucement encore 35 à 45 minutes, en remuant de temps en temps, jusqu'à ce que le freekeh soit dodu et tendre. La soupe doit être assez épaisse. Réduire ou ajouter un peu d'eau selon les besoins. Enfin, goûtez et rectifiez l'assaisonnement.

c) Versez la soupe chaude dans des bols de service et saupoudrez de coriandre. Servir les quartiers de citron à côté.

DESSERT

88.Mamoul aux dattes

INGRÉDIENTS :
POUR LA PÂTE :
- 3 tasses de semoule
- 1 tasse de farine tout usage
- 1 tasse de beurre non salé, fondu
- 1/2 tasse de sucre granulé
- 1/4 tasse d'eau de rose ou d'eau de fleur d'oranger
- 1/4 tasse de lait
- 1 cuillère à café de levure chimique

POUR LE REMPLISSAGE DES DATES :
- 2 tasses de dattes dénoyautées, hachées
- 1/2 tasse d'eau
- 1 cuillère à soupe de beurre
- 1 cuillère à café de cannelle moulue

POUR LE DÉPOUSSIÉRAGE (OPTIONNEL) :
- Sucre en poudre pour saupoudrer

INSTRUCTIONS :
REMPLISSAGE DES DATES :
a) Dans une casserole, mélanger les dattes hachées, l'eau, le beurre et la cannelle moulue.
b) Cuire à feu moyen, en remuant constamment, jusqu'à ce que les dattes ramollissent et que le mélange épaississe jusqu'à obtenir une consistance pâteuse.
c) Retirer du feu et laisser refroidir.

PÂTE MAMOUL :
d) Dans un grand bol, mélanger la semoule, la farine tout usage et la levure chimique.
e) Ajouter le beurre fondu au mélange de farine et bien mélanger.
f) Dans un autre bol, mélanger le sucre, l'eau de rose (ou l'eau de fleur d'oranger) et le lait. Remuer jusqu'à ce que le sucre soit dissous.
g) Ajoutez le mélange liquide au mélange de farine et pétrissez jusqu'à obtenir une pâte lisse. Si la pâte est trop friable, vous pouvez ajouter un peu plus de beurre fondu ou de lait.
h) Couvrez la pâte et laissez-la reposer environ 30 minutes à une heure.
i) **ASSEMBLAGE DES BISCUITS MAMOUL :**
j) Préchauffez votre four à 350°F (175°C).

k) Prenez une petite portion de pâte et façonnez-la en boule. Aplatissez la boule dans votre main et placez une petite quantité de datte au centre.
l) Enfermez la garniture avec la pâte, en la façonnant en boule lisse ou en forme de dôme. Vous pouvez utiliser des moules Mamoul pour la décoration si vous en avez.
m) Placer les biscuits fourrés sur une plaque à pâtisserie recouverte de papier sulfurisé.
n) Cuire au four pendant 15 à 20 minutes ou jusqu'à ce que le fond soit doré. Les hauts peuvent ne pas changer beaucoup de couleur.
o) Laissez les biscuits refroidir sur la plaque à pâtisserie pendant quelques minutes avant de les transférer sur une grille pour qu'ils refroidissent complètement.

DÉPOUSSIÉRAGE OPTIONNEL :
p) Une fois les biscuits Mamoul complètement refroidis, vous pouvez les saupoudrer de sucre en poudre.

89.Namora syrienne

INGRÉDIENTS:
- 200 g de beurre (fondu)
- 225g de sucre
- 3 tasses (500 g) de yaourt
- 3 tasses (600 g) de semoule (2,5 tasses de semoule grossière et 0,5 tasse de semoule fine)
- 3 cuillères à soupe de noix de coco (finement séchée)
- 2 cuillères à café de levure chimique
- 1 cuillère à soupe d'eau de rose ou de sirop de sucre de fleur d'oranger

INSTRUCTIONS:
SIROP DE SUCRE:
a) Dans une casserole, mélangez 1 tasse de sucre, ½ tasse d'eau et 1 cuillère à café de jus de citron.
b) Faites bouillir le mélange pendant 5 à 7 minutes à feu moyen, puis laissez-le refroidir.

NAMORA :
c) Mélanger le beurre fondu et le sucre, fouetter jusqu'à ce que le tout soit bien mélangé.
d) Ajoutez le yaourt au mélange et fouettez à nouveau jusqu'à ce que le tout soit bien mélangé.
e) Incorporer la semoule grossière et fine, la levure chimique, la noix de coco et l'eau de rose. Mélangez jusqu'à obtenir une pâte lisse.
f) Versez la pâte dans des moules à cupcakes. Éventuellement, décorez les cupcakes avec des flocons d'amandes.
g) Cuire la pâte dans un four préchauffé à 180 degrés Celsius pendant 15 à 20 minutes ou jusqu'à ce qu'elle soit dorée.
h) Pendant que les cupcakes sont au four, préparez le sirop de sucre.
i) Une fois les cupcakes cuits, versez dessus le sirop de sucre pendant qu'ils sont encore chauds. Cela les rendra moelleux et savoureux.

90. Brownies aux dattes syriennes

INGRÉDIENTS :
POUR LA PÂTE DE DATE :
- 2 tasses de dattes dénoyautées, de préférence Medjool
- 1/2 tasse d'eau
- 1 cuillère à café de jus de citron

POUR LA PÂTE À BROWNIE :
- 1/2 tasse de beurre non salé, fondu
- 1 tasse de sucre cristallisé
- 2 gros œufs
- 1 cuillère à café d'extrait de vanille
- 1/2 tasse de farine tout usage
- 1/3 tasse de cacao en poudre non sucré
- 1/4 cuillère à café de levure chimique
- 1/4 cuillère à café de sel
- 1/2 tasse de noix hachées (noix ou amandes), facultatif

INSTRUCTIONS:
PÂTE DE DATTES :
a) Dans une petite casserole, mélanger les dattes dénoyautées et l'eau.
b) Porter à ébullition à feu moyen et cuire environ 5 à 7 minutes ou jusqu'à ce que les dattes soient tendres.
c) Retirer du feu et laisser refroidir légèrement.
d) Transférez les dattes ramollies dans un robot culinaire, ajoutez le jus de citron et mélangez jusqu'à obtenir une pâte lisse. Mettre de côté.

PÂTE À BROWNIES :
e) Préchauffez votre four à 350°F (175°C). Beurrer et tapisser un plat allant au four de papier sulfurisé.
f) Dans un grand bol à mélanger, fouetter ensemble le beurre fondu et le sucre jusqu'à ce que le tout soit bien mélangé.
g) Ajouter les œufs un à un en battant bien après chaque ajout. Incorporer l'extrait de vanille.
h) Dans un autre bol, tamiser ensemble la farine, le cacao en poudre, la levure chimique et le sel.
i) Ajoutez progressivement les ingrédients secs aux ingrédients humides, en mélangeant jusqu'à ce que tout soit bien combiné.
j) Incorporez la pâte de dattes et les noix hachées (le cas échéant) dans la pâte à brownie jusqu'à ce qu'elles soient uniformément réparties.
k) Versez la pâte dans le moule préparé et étalez-la uniformément.
l) Cuire au four préchauffé pendant 25 à 30 minutes ou jusqu'à ce qu'un cure-dent inséré au centre en ressorte avec quelques miettes humides.
m) Laissez les brownies refroidir complètement dans la poêle avant de les couper en carrés.
n) Facultatif : Saupoudrez les brownies refroidis de poudre de cacao ou de sucre en poudre pour la décoration.

91.Baklava

INGRÉDIENTS:
- 1 paquet de pâte phyllo
- 1 tasse de beurre non salé, fondu
- 2 tasses de noix mélangées (noix, pistaches), finement hachées
- 1 tasse de sucre cristallisé
- 1 cuillère à café de cannelle moulue
- 1 tasse de miel
- 1/4 tasse d'eau
- 1 cuillère à café d'eau de rose (facultatif)

INSTRUCTIONS:
a) Préchauffer le four à 350°F (175°C).
b) Dans un bol, mélangez les noix hachées avec le sucre et la cannelle.
c) Placer une feuille de pâte phyllo dans un plat allant au four graissé, badigeonner de beurre fondu et répéter environ 10 couches.
d) Saupoudrer une couche du mélange de noix sur la pâte phyllo.
e) Continuez à superposer la pâte phyllo et les noix jusqu'à ce que vous manquiez d'ingrédients, en terminant par une couche supérieure de pâte phyllo.
f) À l'aide d'un couteau bien aiguisé, coupez le baklava en forme de losange ou de carré.
g) Cuire au four pendant 45 à 50 minutes ou jusqu'à ce qu'ils soient dorés.
h) Pendant que le baklava cuit, faites chauffer le miel, l'eau et l'eau de rose (le cas échéant) dans une casserole à feu doux.
i) Une fois le baklava cuit, versez immédiatement le mélange de miel chaud dessus.
j) Laissez le baklava refroidir avant de servir.

92. Halawet el Jibn (petits pains au fromage sucré syrien)

INGRÉDIENTS:
- 1 tasse de fromage ricotta
- 1 tasse de semoule
- 1/2 tasse de sucre
- 1/4 tasse de beurre non salé
- 1 tasse de lait
- 1 cuillère à soupe d'eau de fleur d'oranger
- Amandes blanchies pour la garniture
- Pâte phyllo râpée à rouler

INSTRUCTIONS:
a) Dans une casserole, mélanger la ricotta, la semoule, le sucre, le beurre et le lait.
b) Cuire à feu moyen en remuant constamment jusqu'à ce que le mélange épaississe.
c) Retirer du feu et incorporer l'eau de fleur d'oranger.
d) Laissez le mélange refroidir.
e) Prenez de petites portions du mélange et enveloppez-les dans de la pâte phyllo râpée en formant de petits rouleaux.
f) Garnir d'amandes blanchies.
g) Servez ces petits pains au fromage sucré comme un délicieux dessert ou avec votre petit-déjeuner à tartiner.

93. Basbousa (Gâteau à la Semoule)

INGRÉDIENTS :
- 1 tasse de semoule
- 1 tasse de sucre cristallisé
- 1 tasse de yaourt nature
- 1/2 tasse de beurre non salé, fondu
- 1 cuillère à café de levure chimique
- 1/4 tasse de noix de coco râpée (facultatif)
- 1/4 tasse d'amandes blanchies ou de pignons de pin pour la garniture
- Sirop :
- 1 tasse de sucre cristallisé
- 1/2 tasse d'eau
- 1 cuillère à soupe d'eau de rose
- 1 cuillère à soupe d'eau de fleur d'oranger

INSTRUCTIONS :
a) Préchauffer le four à 350°F (175°C).
b) Dans un bol, mélanger la semoule, le sucre, le yaourt, le beurre fondu, la levure chimique et la noix de coco desséchée jusqu'à ce que le tout soit bien mélangé.
c) Versez la pâte dans un plat allant au four graissé.
d) Lisser la surface avec une spatule et découper des losanges.
e) Placez une amande ou un pignon de pin au centre de chaque diamant.
f) Cuire au four pendant 30 à 35 minutes ou jusqu'à ce qu'ils soient dorés.
g) Pendant que le gâteau cuit, préparez le sirop en faisant bouillir le sucre et l'eau jusqu'à ce que le sucre se dissolve.
h) Retirer du feu et ajouter l'eau de rose et l'eau de fleur d'oranger.
i) Une fois le gâteau cuit, versez le sirop dessus pendant qu'il est encore chaud.
j) Laissez la basbousa absorber le sirop avant de servir.

94. Znoud El Sit (pâtisserie syrienne fourrée à la crème)

INGRÉDIENTS:
- 10 feuilles de pâte phyllo
- 1 tasse de crème épaisse
- 1/4 tasse de sucre granulé
- 1 cuillère à café d'eau de rose
- Huile végétale pour la friture
- Sirop simple (1 tasse de sucre, 1/2 tasse d'eau, 1 cuillère à café de jus de citron, bouilli jusqu'à ce qu'il soit sirupeux)

INSTRUCTIONS:
a) Dans un bol, fouettez la crème épaisse avec le sucre et l'eau de rose jusqu'à formation de pics fermes.
b) Coupez les feuilles de pâte phyllo en rectangles (environ 4 x 8 pouces).
c) Déposez une cuillère à soupe de chantilly à une extrémité de chaque rectangle.
d) Replier les côtés sur la crème et rouler comme un cigare.
e) Faites chauffer l'huile végétale dans une poêle profonde et faites frire les pâtisseries jusqu'à ce qu'elles soient dorées.
f) Trempez les pâtisseries frites dans le sirop simple préparé.
g) Laissez le znoud el refroidir avant de servir.

95. Mafroukeh (Dessert à la semoule et aux amandes)

INGRÉDIENTS:
- 2 tasses de semoule
- 1 tasse de beurre non salé
- 1 tasse de sucre cristallisé
- 1 tasse de lait entier
- 1 tasse d'amandes blanchies, grillées et hachées
- Sirop simple (1 tasse de sucre, 1/2 tasse d'eau, 1 cuillère à café d'eau de fleur d'oranger, bouillie jusqu'à ce qu'elle soit sirupeuse)

INSTRUCTIONS:
a) Dans une poêle, faire fondre le beurre et ajouter la semoule. Remuer continuellement jusqu'à ce qu'il soit doré.
b) Ajouter le sucre et continuer à remuer jusqu'à ce que le tout soit bien mélangé.
c) Ajoutez lentement le lait tout en remuant pour éviter les grumeaux. Cuire jusqu'à ce que le mélange épaississe.
d) Retirer du feu et incorporer les amandes grillées et hachées.
e) Pressez le mélange dans un plat de service et laissez-le refroidir.
f) Coupez des losanges et versez le sirop simple préparé sur le mafroukeh.
g) Laissez-le absorber le sirop avant de servir.

96.Galettes aux poivrons rouges et aux œufs au four

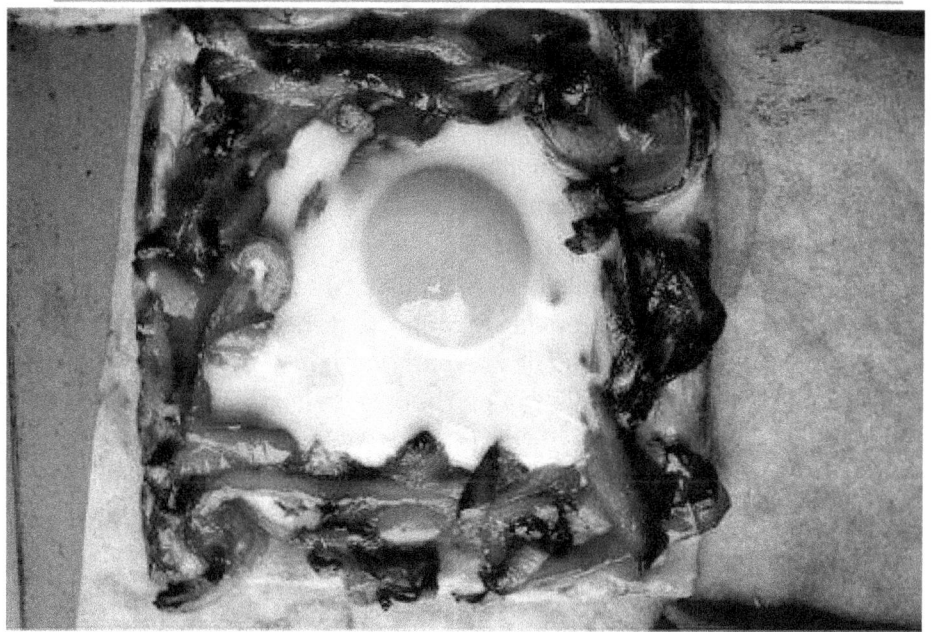

INGRÉDIENTS:

- 4 poivrons rouges moyens, coupés en deux, épépinés et coupés en lanières de ⅜ pouce / 1 cm de large
- 3 petits oignons, coupés en deux et coupés en quartiers de ¾ de pouce / 2 cm de large
- 4 brins de thym, feuilles cueillies et hachées
- 1½ cuillère à café de coriandre moulue
- 1½ cuillère à café de cumin moulu
- 6 cuillères à soupe d'huile d'olive, et un peu pour finir
- 1½ cuillère à soupe de feuilles de persil plat, hachées grossièrement
- 1½ cuillère à soupe de feuilles de coriandre, hachées grossièrement
- 9 oz / 250 g de pâte feuilletée pur beurre de la meilleure qualité
- 2 cuillères à soupe / 30 g de crème sure
- 4 gros œufs fermiers (ou 5½ oz / 160 g de feta émietté), plus 1 œuf légèrement battu
- sel et poivre noir fraîchement moulu

INSTRUCTIONS:

a) Préchauffer le four à 400°F / 210°C. Dans un grand bol, mélangez les poivrons, les oignons, les feuilles de thym, les épices moulues, l'huile d'olive et une bonne pincée de sel. Étalez dans une rôtissoire et faites rôtir pendant 35 minutes en remuant plusieurs fois pendant la cuisson. Les légumes doivent être tendres et sucrés, mais pas trop croustillants ou bruns, car ils cuiront davantage. Retirer du four et incorporer la moitié des herbes fraîches. Goûtez pour l'assaisonnement et réservez. Allumez le four à 425°F / 220°C.

b) Sur une surface légèrement farinée, étalez la pâte feuilletée en un carré de 12 pouces/30 cm d'environ ⅛ pouce/3 mm d'épaisseur et coupez-la en quatre carrés de 6 pouces/15 cm. Piquez partout les carrés avec une fourchette et déposez-les, bien espacés, sur une plaque à pâtisserie tapissée de papier sulfurisé. Laisser reposer au réfrigérateur au moins 30 minutes.

c) Sortez la pâte du réfrigérateur et badigeonnez le dessus et les côtés d'œuf battu. À l'aide d'une spatule coudée ou du dos d'une cuillère, étalez 1½ cuillère à café de crème sure sur chaque carré, en laissant une bordure de ¼ de pouce/0,5 cm sur les bords. Disposez 3 cuillères à soupe du mélange de poivre sur les carrés garnis de crème sure, en laissant les bordures claires. Il doit être réparti assez uniformément, mais laisser un puits peu profond au milieu pour contenir un œuf plus tard.

d) Faites cuire les galettes pendant 14 minutes. Sortez la plaque du four et cassez délicatement un œuf entier dans le puits au centre de chaque pâtisserie. Remettre au four et cuire encore 7 minutes, jusqu'à ce que les œufs soient à peine pris. Saupoudrer de poivre noir et du reste des herbes et arroser d'huile. Servir aussitôt.

97. Tarte aux herbes

INGRÉDIENTS:
- 2 cuillères à soupe d'huile d'olive, plus un peu pour badigeonner la pâte
- 1 gros oignon, coupé en dés
- 1 lb / 500 g de bette à carde, tiges et feuilles finement râpées mais séparées
- 5 oz / 150 g de céleri, tranché finement
- 1¾ oz / 50 g d'oignon vert, haché
- 1¾ oz / 50 g de roquette
- 1 oz / 30 g de persil plat, haché
- 1 oz / 30 g de menthe hachée
- ¾ oz / 20 g d'aneth, haché
- 4 oz / 120 g de fromage anari ou ricotta, émietté
- 3½ oz / 100 g de fromage Cheddar vieilli, râpé
- 2 oz / 60 g de fromage feta, émietté
- le zeste râpé d'1 citron
- 2 gros œufs fermiers
- ⅓ cuillère à café de sel
- ½ cuillère à café de poivre noir fraîchement moulu
- ½ cuillère à café de sucre ultrafin
- 9 oz / 250 g de pâte filo

INSTRUCTIONS:

a) Préchauffer le four à 400°F / 200°C. Versez l'huile d'olive dans une grande poêle à frire à feu moyen. Ajouter l'oignon et faire revenir 8 minutes sans coloration. Ajoutez les tiges de blettes et le céleri et poursuivez la cuisson 4 minutes en remuant de temps en temps. Ajoutez les feuilles de blettes, augmentez le feu à moyen-vif et remuez pendant la cuisson pendant 4 minutes, jusqu'à ce que les feuilles se fanent. Ajouter l'oignon vert, la roquette et les herbes et cuire encore 2 minutes. Retirer du feu et transférer dans une passoire pour refroidir.

b) Une fois le mélange refroidi, essorez autant d'eau que possible et transférez-le dans un bol à mélanger. Ajoutez les trois fromages, le zeste de citron, les œufs, le sel, le poivre et le sucre et mélangez bien.

c) Étalez une feuille de pâte filo et badigeonnez-la d'un peu d'huile d'olive. Couvrez avec une autre feuille et continuez de la même manière jusqu'à ce que vous ayez 5 couches de filo badigeonnées d'huile, couvrant toutes une surface suffisamment grande pour tapisser les côtés et le fond d'un plat à tarte de 8½ pouces/22 cm, plus un supplément pour pendre sur le bord. . Tapisser le plat à tarte avec la pâte, remplir avec le mélange d'herbes et replier l'excédent de pâte sur le bord de la garniture, en coupant la pâte si nécessaire pour créer une bordure de ¾ de pouce/2 cm.

d) Faites un autre ensemble de 5 couches de filo badigeonnées d'huile et placez-les sur la tarte. Froissez un peu la pâte pour créer un dessus ondulé et irrégulier et coupez les bords pour qu'elle recouvre juste la tarte. Badigeonner d'huile d'olive et cuire au four pendant 40 minutes, jusqu'à ce que le filo devienne bien doré. Retirer du four et servir tiède ou à température ambiante.

98.Burekas

INGRÉDIENTS:
- 1 lb / 500 g de pâte feuilletée pur beurre de la meilleure qualité
- 1 gros œuf fermier, battu

GARNITURE À LA RICOTTA
- ¼ tasse / 60 g de fromage cottage
- ¼ tasse / 60 g de fromage ricotta
- ⅔ tasse / 90 fromage feta émietté
- 2 cuillères à café / 10 g de beurre doux, fondu

GARNITURE AU PECORINO
- 3½ cuillères à soupe / 50 g de fromage ricotta
- ⅔ tasse / 70 g de fromage pecorino vieilli râpé
- ⅓ tasse / 50 g de fromage Cheddar vieilli râpé
- 1 poireau, coupé en segments de 2 pouces / 5 cm, blanchi jusqu'à tendreté et finement haché (¾ tasse / 80 g au total)
- 1 cuillère à soupe de persil plat haché
- ½ cuillère à café de poivre noir fraîchement moulu

GRAINES
- 1 cuillère à café de graines de nigelle
- 1 cuillère à café de graines de sésame
- 1 cuillère à café de graines de moutarde jaune
- 1 cuillère à café de graines de carvi
- ½ cuillère à café de flocons de chili

INSTRUCTIONS:
a) Étalez la pâte en deux carrés de 12 pouces / 30 cm chacun de ⅛ pouce / 3 mm d'épaisseur. Disposez les feuilles de pâte sur une plaque à pâtisserie tapissée de papier sulfurisé (elles peuvent reposer les unes sur les autres, avec une feuille de papier sulfurisé entre elles) et laissez au réfrigérateur pendant 1 heure.

b) Placez chaque ensemble d'ingrédients de garniture dans un bol séparé. Mélanger et réserver. Mélangez toutes les graines dans un bol et réservez.

c) Couper chaque feuille de pâte en carrés de 4 pouces/10 cm ; vous devriez obtenir 18 carrés au total. Répartissez uniformément la première garniture sur la moitié des carrés, en la versant au centre de chaque carré. Badigeonnez deux bords adjacents de chaque carré avec de l'œuf, puis pliez le carré en deux pour former un triangle. Chassez l'air et pincez fermement les côtés ensemble. Il faut bien appuyer sur les bords pour qu'ils ne s'ouvrent pas pendant la cuisson. Répétez avec les carrés de pâte restants et la deuxième garniture. Placer sur une plaque à pâtisserie tapissée de papier sulfurisé et réfrigérer au réfrigérateur pendant au moins 15 minutes pour raffermir. Préchauffer le four à 425°F / 220°C.

d) Badigeonner d'œuf les deux bords courts de chaque pâte et tremper ces bords dans le mélange de graines ; une infime quantité de graines, d'à peine ⅛ pouce / 2 mm de large, suffit, car elles sont assez dominantes. Badigeonnez également le dessus de chaque pâtisserie avec un peu d'œuf en évitant les graines.

e) Assurez-vous que les pâtisseries sont espacées d'environ 1¼ pouces / 3 cm. Cuire au four de 15 à 17 minutes, jusqu'à ce que tout soit doré. Servez chaud ou à température ambiante. Si une partie de la garniture déborde des pâtisseries pendant la cuisson, remettez-la délicatement lorsqu'elles sont suffisamment froides pour être manipulées.

99.Ghraybeh

INGRÉDIENTS:
- ¾ tasse plus 2 cuillères à soupe / 200 g de ghee ou de beurre clarifié, sorti du réfrigérateur pour qu'il soit solide
- ⅔ tasse / 70 g de sucre glace
- 3 tasses / 370 g de farine tout usage, tamisée
- ½ cuillère à café de sel
- 4 cuillères à café d'eau de fleur d'oranger
- 2½ cuillères à café d'eau de rose
- environ 5 cuillères à soupe / 30 g de pistaches non salées

INSTRUCTIONS:

a) Dans un batteur sur socle équipé du fouet, battre ensemble le ghee et le sucre glace pendant 5 minutes, jusqu'à ce que le mélange soit mousseux, crémeux et pâle. Remplacez le fouet par le batteur, ajoutez la farine, le sel, l'eau de fleur d'oranger et de rose et mélangez pendant 3 à 4 bonnes minutes, jusqu'à ce qu'une pâte uniforme et lisse se forme.

b) Enveloppez la pâte dans du film plastique et placez-la au réfrigérateur pendant 1 heure.

c) Préchauffer le four à 350°F / 180°C. Pincez un morceau de pâte pesant environ 15 g et roulez-le en boule entre vos paumes. Aplatissez-le légèrement et déposez-le sur une plaque à pâtisserie recouverte de papier sulfurisé. Répétez avec le reste de la pâte, en disposant les biscuits sur des feuilles tapissées et en les espaçant bien. Pressez 1 pistache au centre de chaque biscuit.

d) Cuire au four pendant 17 minutes en veillant à ce que les biscuits ne prennent aucune couleur mais soient simplement cuits. Retirer du four et laisser refroidir complètement.

e) Conservez les biscuits dans un contenant hermétique jusqu'à 5 jours.

100. Mutabbaq

INGRÉDIENTS:

- ⅔ tasse / 130 g de beurre non salé, fondu
- 14 feuilles de pâte filo, 12 par 15½ pouces / 31 par 39 cm
- 2 tasses / 500 g de fromage ricotta
- 9 oz / 250 g de fromage au lait de chèvre à pâte molle
- pistaches concassées non salées, pour garnir (facultatif)
- SIROP
- 6 cuillères à soupe / 90 ml d'eau
- arrondi 1⅓ tasse / 280 g de sucre ultrafin
- 3 cuillères à soupe de jus de citron fraîchement pressé

INSTRUCTIONS:

a) Chauffer le four à 450°F / 230°C. Badigeonner une plaque à pâtisserie à rebords peu profonds d'environ 11 x 14½ pouces / 28 x 37 cm avec un peu de beurre fondu. Étalez une feuille de filo sur le dessus, en la rentrant dans les coins et en laissant les bords dépasser. Badigeonner le tout de beurre, recouvrir d'une autre feuille et badigeonner à nouveau de beurre. Répétez le processus jusqu'à ce que vous ayez 7 feuilles uniformément empilées, chacune badigeonnée de beurre.

b) Mettez la ricotta et le fromage de chèvre dans un bol et écrasez-les à la fourchette en mélangeant bien. Étaler sur la feuille de filo supérieure, en laissant ¾ de pouce/2 cm d'espace libre sur le pourtour. Badigeonner la surface du fromage de beurre et recouvrir des 7 feuilles de filo restantes, en les badigeonnant chacune à tour de beurre.

c) Utilisez des ciseaux pour couper environ ¾ de pouce / 2 cm du bord mais sans atteindre le fromage, afin qu'il reste bien scellé dans la pâte. Utilisez vos doigts pour rentrer doucement les bords du filo sous la pâte pour obtenir un bord net. Badigeonner de beurre partout. Utilisez un couteau bien aiguisé pour couper la surface en carrés d'environ 2¾ pouces / 7 cm, en permettant au couteau d'atteindre presque le fond, mais pas tout à fait. Cuire au four de 25 à 27 minutes, jusqu'à ce qu'ils soient dorés et croustillants.

d) Pendant que la pâte cuit, préparez le sirop. Mettez l'eau et le sucre dans une petite casserole et mélangez bien avec une cuillère en bois. Placer sur feu moyen, porter à ébullition, ajouter le jus de citron et laisser mijoter doucement 2 minutes. Retirer du feu.

e) Versez lentement le sirop sur la pâte dès la sortie du four, en veillant à ce qu'il pénètre uniformément. Laisser refroidir 10 minutes. Saupoudrer de pistaches concassées, le cas échéant, et couper en portions.

CONCLUSION

Alors que nous concluons notre voyage à travers « Cuisine syrienne : recettes authentiques de Damas », nous espérons que vous avez apprécié l'expérience d'explorer les saveurs vibrantes et diverses de la cuisine syrienne. Ces recettes sont plus qu'une simple collection de plats ; ils constituent une passerelle vers la compréhension de la culture, de l'histoire et des traditions qui ont façonné le paysage culinaire de Damas.

Nous vous encourageons à continuer d'expérimenter ces recettes, en y ajoutant vos propres touches et touches pour les rendre uniques. Partagez ces plats avec vos amis et votre famille et laissez l'arôme des épices syriennes remplir votre maison, créant des souvenirs impérissables autour de la table à manger.

Grâce à la joie de cuisiner et de partager ces repas, nous espérons favoriser une appréciation plus profonde de la riche tapisserie de la culture syrienne. Merci de nous rejoindre dans cette odyssée culinaire, et que votre cuisine soit toujours remplie de la chaleur et des saveurs de Damas.

www.ingramcontent.com/pod-product-compliance
Lightning Source LLC
Chambersburg PA
CBHW071306110526
44591CB00010B/796